子どもたちの光るこえ

香葉村真由美

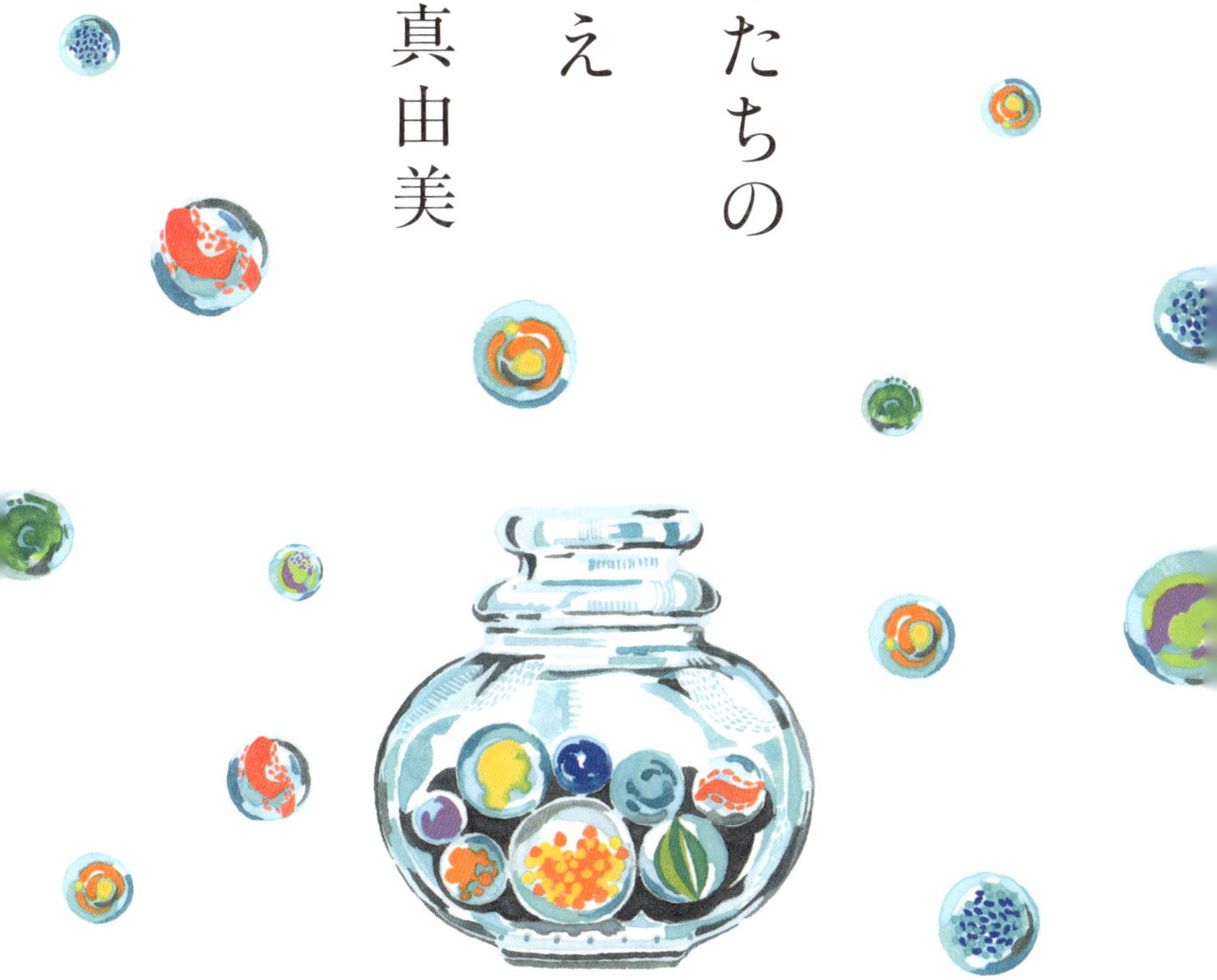

センジュ出版

子どもたちの光るこえ

プロローグ／007

第1章
生きているだけでいい
誓い…018
生きている奇跡…022
父の信念…027

第2章
愛されることの強さ
教室の魔法…034
こえを聞かせて…042
未来のためにまく種…047

第3章
6年3組の卒業式

17秒…054
運動会とこぼれる砂…057
学級崩壊…060
本当のことは、目に見えないの？…063
クラスの武器…067
卒業アルバムのうそ…071
32人のありがとう…078

第4章 心のビー玉

新たな戦場…084
もぐら叩き…086
夢の力…091
マリちゃんの夏休み…095
私のヒーロー…102

第5章
いのちの授業
七夕の願いごと…108
ヨシアキ君の涙…114
私がいるから大丈夫…116
お母さんはそのままでいいよ…119
心を受け取る力…122
いのちは生き続ける…125

第6章
学校に行こう
その話は誰かの力になる…128
嵐の中で…137
守ってくれた人…144
風が変わる…146

第7章 こえを聞き、光を見せる

満天の星…150
あなたの光に向かって…151
タケル君の忘れもの…156
助けてくれた人…161
たましいの教科書…170
コウタの退学届…172
だって、友だちだから…175
光るこえに耳を澄ませて…178

エピローグ／186

※本書に登場する子どもの名前は、仮名です。

装画　栗原由子
装丁　天野昌樹

プロローグ

「さやか……来てくれたんだ」

300人を超える聴衆のいちばん後ろの席で、さやかの姿を見たような気がした。

さやかは、私がはじめて担任をした生徒の一人だった。

さやかは、この講演会の3年前、自殺したのだ。


「さやか、しっかり見ててよ」

私は、心の中でさやかに語りかける。

「私がこんなところで話をさせてもらえるようになったなんて、不思議やね。でも、これはさやかのおかげ。さやかが大切なことを教えてくれたから。さやかが私を生かしてくれたから。

私は、あなたにも生きていてほしかった。あなたが生きていたいと思えるような光を、あのとき見せられんかった。そのことがいまでも悔しいよ。

でも、見とって。

あなたのおかげで気づけたから。生きとることは、やっぱり素晴らしいんよね。それを伝えるために、全人生をかけて、この仕事をやり抜くからね」

＊＊＊

私はいま、福岡県で小学校の教師をしています。22歳から教師の仕事に就き、現在の学校までで約８００人の子どもたちを担任してきました。

そして２００８年、冒頭に書いた生まれてはじめての講演会に登壇してからは、自分の教師としての経験をお伝えするために、全国を回っています。

私はずっと、平凡な一人の教師でした。自分が特別な存在だなど、いまでもちっとも思っていません。ですが、いつからか私の話を聞きたいと全国からこえをかけていただくようになりました。

そしてこんな毎日を過ごすようになったのは、「さやかの死」がすべての始まりだったように思います。

さやかが亡くなる前、最後に言葉を交わしたのは私でした。活発で正義感が強くて、男の子みたいで。私はさやかに、どこか自分に似たところがあるのを感じていました。

さやかも、馬が合うと思っていたのでしょう。卒業後も折にふれて連絡をくれました。彼女が高校生のときには、家出をして私の家で一晩を過ごしたこともありました。

さやかが就職をして実家を離れてからは連絡が途絶えていましたが、きっと元気にしているのだろうと思っていたのです。あの日までは。

私が勤めている小学校に、あの日、卒業生のさやかがやってきました。

数年ぶりに会ったさやかは別人のようにやせ細っていて、「話したいことがある」と口にしました。手首にはいくつものリストカットの跡があります。

就職をした大阪で恋人ができたそうです。

その人と一緒に暮らしはじめてしばらくすると、赤ちゃんができました。けれど、妊娠したことをその人に言ったら、その人がいなくなってしまったそうです。

一人で産むつもりで福岡に戻ってきたけれど、周りの人が猛反対をしました。それで、さやかは赤ちゃんを堕《お》ろしたそうです。

けれど、さやかはそんな自分が許せませんでした。赤ちゃんを死なせてしまったと自分を責め続け、そのうちにリストカットをするようになりました。

辛いときにさやかを支えてくれたのは、彼女のお姉さんの恋人でした。さやかは彼のことを「お兄ちゃん」と呼び、慕っていたそうです。

ある夜のこと、さやかはいつものようにお兄ちゃんに電話で助けを求めました。またリストカットしたくなったから、助けてほしいと。このお兄ちゃんは「バイクで駆けつける」と言ってくれました。けれどお兄ちゃんは、朝になっても来なかった。さやかの家に向かう途中で、ダンプカーに轢《ひ》かれて亡くなっていたのです。

それ以来、さやかは「自分とかかわった人は不幸になる」と思い込むようになりました。病院を転々とし、もらった睡眠薬をため込んでは大量に飲む。そうやって自殺未遂をくり返すようになっていました。

さやかの話を聞いて、私は言葉を失いました。

どうしてかわいい教え子がこんな思いをしなければいけないのだろう。

ショックで思考が停止していました。そして、さやかにこう言うのが精いっぱいでした。

「何やってるのさやか！　がんばらなきゃ、だめじゃない！　がんばって生きるのよ！」

私の言葉を聞いたさやかは一瞬ハッとした表情を見せました。そして、

「わかってる。ちゃんとがんばって生きるよ、先生」

と口にしました。そして最後に私はもう一度さやかに「がんばるのよ」と伝えたのです。


けれど、2〜3日して私のもとに届いたたよりは、さやかが亡くなったということでした。さやかは、家からそれほど離れていないネットカフェで、たった一人で亡くなっていました。

さやかの自殺を知り、私が急いでさやかの家にたどり着いたとき、さやかのお母さんは私に、

「先生、さやかと何を話したんですか？」

「先生はさやかに何を言ったんですか？」

「さやかが最後に会ったのは、先生だったんですよ」

そうおっしゃいました。

その瞬間、私は頭をハンマーで殴られたような気持ちになりました。私はさやかになんと言っただろう……。

「がんばらなきゃ、だめじゃない！」

眠ったように横たわっているさやかの前に立って、私ははじめて、さやかがそんな言葉を聞きたくて私のところに来たのではなかったのだと気づきました。

たくさんの薬を飲んで、何回も救急車で運ばれても、リストカットをしても、こんなにボロボロになっても、それでも生きてきた自分を「よくがんばって生きてきたね」

とほめてもらいたかったに違いありません。

どうして私はあのとき、さやかを抱きしめることができなかったんだろう。リストカットしたことも、たくさんの薬を飲んだこともすべてを受け止め、どうして彼女をただただ抱きしめることができなかったんだろう。

どうして、気づいてあげられなかったんだろう。どうして……どうして……。

私はさやかの腕の傷のみを見て、心の傷を見ていませんでした。

それから私は、長い長い後悔の日々を送ることになりました。そして、すべての自信を失います。

肉体的にも精神的にもボロボロになりました。つながるはずのないさやかの携帯に電話をして、「どこにいるの？」と叫んだり、夜中に、さやかが亡くなったネットカフェに行き、さやかを探し回ったこともありました。まったく眠れなくなり、髪の毛は真っ白になって、真夜中に娘たちをじーっと見つめていたこともありました。夫と別れることにもなりました。私のところに残った3人の娘たちは、後から聞くと、私が死ぬのではないか、私に殺されるのではないかと毎日怯《おび》えていたそうです。

そんな私が、どうして生きてこられたのか。

人生のどん底から私を救ってくれたのは、私の大切な子どもたちでした。

どんなにボロボロでも、教壇では不思議と元気な香葉村《かばむら》先生でいられました。さやかを救えなかった自分に人を育てる資格などないと思っていた私は、何度も教師を辞めようとしましたが、どうしてもできなかった。

そして、学校を離れなかったおかげで、私はなんとか生き延び、立ち直ることができたのです。

この本でお伝えしたいのは、正しい教育のあり方でも、優秀な子どもを育てる方法でもなく、どん底にいた私を救い、前よりもずっとずっと幸せにしてくれた子どもたちから学んだ「愛されて生きること」の素晴らしさです。

さやかや私が出逢ってきた子どもたちは教えてくれました。人は、抱きしめてくれる人がいるだけで生きていけるということを。たとえ、それがたった一人でも。

さやかの死にも、子どもたちは大切な意味を与えてくれたのかもしれません。もう二度と、教え子を死なせてはいけない。もう二度と「抱きしめてほしい」というこえを聞き逃してはいけない。

この命ある限り、私を必要とする子どもたちがいる限り、私は目の前の子どもたちを、抱きしめていきたい。それが私の生きる目的の一つになりました。

教師という仕事は、未熟な自分を許してもくれたように思います。

「どんな子どもでも受け止める」

教師になったばかりの頃は、そんな理想に燃えていましたが、あの日の私は、さやかを受け止めることができなかった。本当の意味で、子どもを受け止める覚悟を持っていなかったのかもしれません。

その覚悟が持てたのは、自分自身が傷つき、ボロボロになって「誰かに受け止めてほしい」と心の底から思ったからでした。

すべてを失った自分の、そのままで、生きていこう。ありのままの自分でできることをしようと思えたとき、私は前に進むことができました。

自分が教師ではなかったら……。子どもたちに出逢えなかったら……。そう考えると、いまでもときどき怖くなります。それほどに、子どもたちは私の生きる糧《かて》であり、教師は私の人生そのものです。子どもたちが私に教えてくれたことは、数え上げればきりがありません。

教師という仕事に就いている者の特権として、私は毎日のように子どもたちから大切なメッセージを受け取ってきました。生きていると、いろんなことがある。ふとしたはずみで、人生の暗い穴の中に滑り落ちてしまうこともあるかもしれない。かつての私のように、さみしくて怖くて、必死に助けを求めている人がいるかもしれない。子どもたちからのメッセージは、たくさんの人たちにきっと力を与えてくれる。

私はいま、たしかにそう信じています。

第1章

生きているだけでいい

誓い

「私、先生になる！」

母の前ではじめてそう宣言したとき、私は13歳でした。母はそのとき、病室のベッドの上です。

「じゃあ、いつも笑っている先生にならないとね」

母はそう言いました。それが、母と私の最後の会話。母は、ガンで35歳で亡くなったのです。

私が経験した最初の「人の死」は母でした。人が死ぬということがよくわからなくて、お葬式でもあまり泣かなかった気がします。でも、眠っているように横たわる母の頬を触ると、ものすごく冷たかった。人が生きていないというのは、こういうことなんだと、その感触で知りました。

母は私によく、私が生まれた頃のことを話してくれました。父と母は、駆け落ち同然で結婚したそうです。ミカン箱をテーブル代わりにするような、本当にお金もなんにもない二人の間に、私が生まれました。

「まみちゃんはね、人を見ると必ず笑顔を見せる子だったの。泣いていても、私と目が合うと笑ってくれるの」

そう言う母も、よく笑う人でした。

「まみちゃんは宝物だった。なんにもなくてもまみちゃんがいればいいと思えた」

そんなふうにいつも言ってくれた母。彼女は、負けん気の強い人でもありました。

あるとき、私の弟がいじめられました。私はそのいじめっ子に仕返しをするため、棒を持って家を出たのです。でも結局そのいじめっ子には勝てなくて、泣きながら家に戻りました。

そんな私に、母は言いました。

「もう一回、行っといで」

私の負けん気の強さは、こんな母から受け継いだものかもしれません。

教師になるという夢を持っていたものの、勉強が苦手な私はなかなか採用試験に受かりませんでした。先生になるまでに何度も試験に落ちましたが、そのたびに母の「もう一回、行っといで」ということえを思い出していたように思います。

母は、やんちゃだった私の子育てには相当苦労したはずです。二人の弟のうち末の弟をいじめては、よく叱られました。母についての記憶の中では、母が私のせいで人に謝っている姿ばかり思い出します。

また母は、とても器用な人でもありました。料理もとても上手でした。母の作ってくれるお弁当はいつも豪華で、みんなのあこがれの的でした。そんな母のお弁当はいつも私の自慢でした。

でも、母が病に倒れ、起き上がることもできなくなり、私はもう「お弁当作って」とは言えなくなりました。それなのに、いつも私のカバンには母のお弁当が入っていたのです。

必死で作ってくれていたのでしょう。相当きつかったはずです。豪華だったお弁当のおかずが、だんだんと少なくなっていきました。

そして、最後には、おかずは卵焼きだけになりました。そのお弁当の箱を開けたとき、私は泣いてしまいました。そうしてまでもお弁当を作ってくれた母の優しさが伝わってきたからです。

「まみちゃん、ごめんね、こんなお弁当で。恥ずかしかったら、食べんでいいんよ」

と言う母に、

「私の自慢のお弁当！　ママのお弁当は私の自慢のお弁当!!」

と叫ぶと、母は泣いていました。

その卵焼きだけのお弁当は母の最後のお弁当となりました。いまでも、その卵焼きの味は忘れられません。

大好きだった母とは13年間しか一緒にいることはできませんでしたが、母は私に教師への道をつくってくれました。最後の、最大の愛情を注いでくれたと思っています。私は母への誓いがなかったら、教師になっていなかったかもしれません。

教師になることが母への恩返しのように思っていましたが、母が亡くなってから9年後に実際教師になってからは、この仕事は母からのプレゼントであったと感じるようになりました。

今度は自分の娘たちに、私が母から受けた愛を送る番、そう思っていました。しかし、私は教え子の自殺で、とても「親」としての役目を果たせる状態ではなくなっていったのです。

生きている奇跡

私はずっと教師になりたかった。そして教師になってからは、たくさんの子どもたちを笑顔にしたいと思っていました。でも、最後に私のところに頼ってきたさやかの心を、私は受け止めてあげることができなかった。

それから教師としての自信をなくしていきました。何をやっていても、自分の心が納得することがない。

自分を責めました。

教室で子どもたちに話をしていても、二人の私がせめぎ合っていました。

一人の私が子どもたちに「人の気持ちを考えなさい」と言うけれど、もう一人の私が私の耳元で「じゃあお前は、人の気持ちを考えたのか」と囁《ささや》く。

一人の私が「人を傷つけてはいけません」と言うけれど、もう一人の私が「じゃあお前は、人を傷つけたりはしなかったのか」と耳元につぶやく。


私は母と約束をした「笑っている先生」ではいられなかった。自分は、誰も幸せにできない人間だと思うようになっていきました。

誰からも必要とされない人間。階段から転がり落ちるように、私は崩れていきました。


そして夏休み、とうとう私は起き上がることもできなくなりました。家中のカーテンを閉めきり、真っ暗にしました。

あの頃の私は「愛」とか「光」とか「希望」とかそんな言葉が大嫌いでした。自分がなんのために生きているのかもわからなかった。

世の中から色が消えました。けれど、そんな私のもとに毎日毎日やってくる存在がありました。

——娘たちです。

「お母さん、今日は晴れてるから外に出てみよう」

「お母さん、おいしいものがあるから一緒に食べよう」

なんの返事もしない私。それでも娘たちは毎日私の部屋を訪れます。手紙を書いて、枕元に置いてくれることもありました。それでも私は、起き上がることができない。

本当に申し訳ないことですが、私はこの頃、娘たちが何を食べどんなふうに生きていたのか、まったく覚えていないのです。後で聞くと、私の幼なじみが家に来て、ごはんを作ったりしてくれていたようです。

ある日ふと目を覚ますと、枕元に一輪の花がありました。娘が庭からとってきてくれた花でした。その花を見た私は、

「再び教師として教壇に立つことはできないだろう。でも、こうやって私に花を持ってきてくれる娘のために、私は母としてもう一度、起き上がろう」

と、ふと思いました。

それから私は、石を拾ってきました。そしてその石に日にちを書いたのです。

「8月5日」

決心の石です。今日は復活しようと日にちを書きました。

それでも横になってしまう。私はまた石を拾ってきました。

「8月7日」

もう一度決心するのですが、やはりできませんでした。次の日、また石を拾いに行きました。石だけが机の上に並べられていきます。


ある日のこと、私がまた石を拾ってきて日にちを書こうとした瞬間。

ぱっと私の腕をつかむ娘がいました。

目にいっぱい涙をためて首を横に振り、

「お母さん、もう石に日にちを書かなくていいから」

と言うと、

「お母さん、もう石は拾ってこなくていいよ」

「お母さん、もう笑わなくてもいいから」

「起き上がらなくてもいいから」

と続けました。そして、

「生きているだけでいいから」

と言ってくれたのです。

その言葉を聞いた瞬間、全身の力が抜けたようになり、私はそのときはじめて、うわあああああと、こえを上げて泣きました。

「死にたい」「死にたい」と思っているこの命を、「生きているだけでいいから」と言ってくれる人がいる。

笑うことも起き上がることもできない私に、「それでいいから」と言ってくれる人がいる。

「生きているだけでいい」

さやかが聞きたかった言葉。さやかに言ってあげられなかった言葉。

生きているだけで素晴らしいんだ。生きているだけで尊いんだ。

私はそのとき、もう一度子どもたちの前に立とうと決心したのです。

さやかに言ってあげられなかったその言葉を、今度はたくさんの子どもたちに伝えていこうと。

「あなたたちは、生きているだけで奇跡なんだよ」

「生きているだけで素晴らしいんだよ」

そう言ってあげられる先生になろう。さやかのためにも起き上がって伝えていこう。そのときから、私が子どもたちに伝えていく内容が180度変わります。そんな私の想いをここまで曲げずにこられたのには、父の影響もあります。その話もしなければなりません。

父の信念

母が亡くなってから私を育ててくれたのは父でした。

父はいつでもどんなときでも私を守ってくれました。授業参観にも必ず来てくれました。仕事で遅くなっても、必ずです。私は授業参観の日、父が来ているかいつも後ろを振り向いていました。すると父は、たくさんのお母さんに囲まれて、背広を着て立ってくれていました。私と目が合うと手を振ってくれる、そんな父でした。

私にとって父は、絶対的に信じることのできる人。世界中の人が私の敵になったとしても、父は私のことを信じてくれると信じていました。

私が〝先生になりたい〟と言ったときも、心から応援してくれた父。採用試験を受けたときには願《がん》をかけて、ずっとひげをそらないでいてくれた父です。

優しい優しい父、でも厳しい厳しい父でした。

食事を作ったらコンロや台所の床をふくこと、洗濯は毎日すること……。母が亡くなってから、学校から帰ると家事の一切を私がまかされることになりました。「家計簿をつけなさい」とも言われ、1円でも計算が合わないとはじめからやりなおしを命じられていました。

遊ぶことが大好きだった私には家事が苦痛でならず、一度家出をしたことがあります。朝、「家出します」と書き置きをし、友だちの家に行きました。

それでも、夕方になったらやはり家のことが気になり、帰宅します。すると、雨の中で一人草むしりをしている父の姿があったのです。

私は近寄って「ごめんなさい……」と謝りました。すると父は、私の頬を思いきり叩き、

「まみのことをこれだけ心配してあげられるのも、もうママがいなくなってお父さんだけになったんだぞ！　まみのことをこれだけ思いきって叩けるのも、お父さんだけになったんだぞ！」

と怒鳴ったのです。

父から叩かれた頬はものすごく痛かったけれど、父の深い愛情が伝わってきて、私は雨の中でワンワン泣きました、見ると、父も泣いていました。

父は全身全霊で私を育ててくれ、人を〝信じる〟ということを教えてくれました。厳しくとも、私は父のことが大好きでした。


小さい頃からなんでもやりたがった私は、いつも父に「お父さん、お父さん、こんなことやりたいんだけど！」と、チャレンジしたい物事についてよく相談していました。そんなとき、父は必ず言ってくれるのです。

「できるよ。できる！　まみならできる！」

その父の教えが、いまの私を育ててくれています。大好きだった父に「できる」と言われたら、もう、実行している自分が想像できる。私は自分を信じることができる人間に変わっていきました。

ある日、父に「お父さん、お父さん、私、ハワイに留学したい！」と言いました。すると父はいつものとおり、「きっと、できるよ！」とにっこり笑って言ってくれたのです。そんなとき、大学の先生がハワイに短期留学することになり、その研究のテーマと私の卒業論文のテーマが同じだったこともあり、ハワイ大学へ一緒に連れていってくれることになりました。これには私も父もびっくりです。

出発当日、玄関先で「じゃあな」としか言ってくれなかった父。けれども、空港の出発ロビーに行くと、そこに父の姿が。見るとポロポロ涙をこぼしています。

留学と言っても、すぐに帰ってくるのに……。

「体に気をつけるんだぞ。変な人についていってはいけないからな。笑顔でみんなにあいさつするんだぞ」と、大学生にもなった私に、まるで子どもに忠告をするように諭《さと》していました。

そんな父が大好きでした。

母が早くに亡くなったことで私はとってもさみしい思いをしましたが、辛いと思うことがなかったのも、この父が私を思いきり愛してくれていたからだと思います。

そんな最愛の父はいまから18年前に亡くなりました。学校が大好きな私ですが、このときばかりは学校に行くことができなくなりました。学校に行けない……というより、どうやって生きていったらいいのかもわからなくなったのです。

それから学校を休み続けました。休んでから8日目のこと、私のところに大きな封筒が届きます。そのとき担任をしていた6年生の子どもたちからでした。

中を開けると、2枚の画用紙が入っていました。そこには大きな文字で、「先生。お父さんのことはもう忘れてください！」とマジックで書かれていました。

私はなんということを書くのだろう……とちょっと心外でしたが、もう一枚の画用紙を見て、息を呑みました。

「これからはぼくたちが先生のことを守りますから」

私の大好きな父は、もういなくなってしまった。でも、父の代わりに私を守ってくれる子どもたちがいる。

クラス全員の署名がされたその画用紙を抱きしめて、私は泣き続け、この日の日記に、「学校に行こう」と記しました。

父から教えてもらった「自分を信じる力」。

実は子どもたちからもこのことを教わることが多かったのです。

第2章

愛されることの強さ

教室の魔法

教室には、子どもたちだけが使える魔法があります。それは、友だちの心を開くという魔法です。

いまから13年前のこと。担任していた6年3組には、口のきけないさっちゃんという女の子がいました。さっちゃんはおばあちゃんと二人暮らしでした。

さっちゃんが6歳のとき、ご両親はさっちゃんをおばあちゃんに預けて蒸発してしまいました。さっちゃんはそのときのショックから、おばあちゃん以外の人とは話ができなくなったのです。

あるとき、クラスで遠足に行きました。さっちゃんは、みんなが食べているようなサンドイッチのお弁当がほしいとおばあちゃんにお願いしたようです。

けれど、さっちゃんのおばあちゃんには、子どもが喜ぶサンドイッチがどんなものなのか想像もつかなかったのでしょう。さっちゃんのサンドイッチには、かぼちゃの煮物が挟まれていました。

「なん？　そのサンドイッチ！」

と、クラスの子が、さっちゃんをからかいました。さっちゃんは、ただ黙って泣いていました。


けれども、さっちゃんが泣いた次の日、必ずやってくるのはさっちゃんのおばあちゃんでした。

「ドタドタドタ……」とすごい勢いの足音をさせてやってくるおばあちゃん。このおばあちゃんの来校は、学校では有名なことでした。

おばあちゃんはさっちゃんのクラスのドアを開け、「うちのさちこをいじめたのは誰ね？　あんたね？　あんたね？」と怒鳴りました。

さっちゃんのおばあちゃんは小さい体で、必死でさっちゃんを守っていたのです。

そんなさっちゃんを、私は6年生で担任することになりました。そのことが決まってから、さっちゃんについてじっくり想いを巡らせました。

そして、私はさっちゃんに話しかけました。

「さっちゃん、さっちゃんはこのままでいいと思ってる？」

「お友だちとお話をしたいと思わない？」

「お友だちと一緒に笑いたいと思わない？」

「お友だちと一緒に歌を歌いたいと思わない？」

「さっちゃん、あなたはこのまま誰とも話をせずに小学校時代を終わりたい？　そんなの、いやだよね、さっちゃん……」

〝みんなとお話ししたいよね〟

そう思った私は、さっちゃんの家におばあちゃんに会いに向かっていました。

「はじめまして、おばあちゃん。私は今度さっちゃんの担任をすることになりました香葉村真由美です。

さっちゃんの担任をすることが決まってから　ずっと、さっちゃんのことを考えていました。おばあちゃん、私はこのままさっちゃんが誰とも話をせずに小学校時代を終わってしまうのがどうしてもいやです。クラスのみんなにどうしてさっちゃんがお話をしなくなったのか、伝えたいんです」

するとおばあちゃんは「それはだめだ。そんなことをしたら、さちこはもっといじめられる」とおっしゃいました。

さっちゃんのおばあちゃんからだめだと言われて帰宅してからも、私は自分の頭の中のさっちゃんとずっと話をしました。

後日、私は再びさっちゃんのおばあちゃんのところへ行きました。

「おばあちゃん。よく考えてみた。でも、やっぱり、私はさっちゃんとみんなをつなげたい」

それでも、さっちゃんのおばあちゃんは首を縦には振りません。

新しいクラスが始まりました。やっぱりさっちゃんは一人でした。

誰に話しかけるわけでもなく、誰からも話しかけられませんでした。

さっちゃんはまるで、存在していないかのようでした。

私はクラス担任になると、その教室に子どもたち全員の居場所をつくってあげたいと望みます。それは、それこそが〝学校〟だと思うからです。

自分が存在するところ。

自分の居場所があるところ。

自分がそのままでいられるところ。

子どもたちにそんな〝教室〟をつくってあげることが、教師にとっていちばんの、やるべきことなのだと思っているのです。


私は再びおばあちゃんのところへ行くことにしました。おばあちゃんにもう一度私の思いを話すと、今度はおばあちゃんは怒り出しました。

「あんた、そんなことしてさちこが余計にいじめられたら、責任とれるとね！」

おばあちゃんの不安はもっともです。クラスの子どもたちの反応次第では、さっちゃんをもっと傷つけてしまうかもしれない。

けれど、私は子どもたちを信じていました。クラスの子どもたちは、人の痛みがわかる。さっちゃんの心の痛みを知ったら、いじめなんて絶対になくなる。

私は、おばあちゃんにこう言いました。

「わかった、ばあちゃん。責任は私がとるよ」

次の日、私はさっちゃんに尋ねました。

「さっちゃんが話せなくなった理由をみんなにわかってもらいたいんだ。だからみんなに話をしようと思う。いい？」

さっちゃんは、私をしっかり見つめてうなずきました。

小さいときにお父さんとお母さんが突然いなくなってしまったこと。さっちゃんはそのことでとても傷ついたということ。深く傷ついて、こえを出せなくなってしまう「失語症」という病気があるということ。さっちゃんのおばあちゃんは、そんなさっちゃんが大切で、必死で守っておられるということ。

話している間ずっと、教室は沈黙に満ちていました。

私は続けました。

「さっちゃんがこのまま一言も話せないでこの学校を卒業していくのは、先生、いやだと思ってる。だからね、みんなにもさっちゃんがどうしたら話せるようになるのか、一緒に考えてほしい」

次の日、子どもたちが考えたアイデアに私は少し驚かされました。彼らはペンとメモをさっちゃんに渡し、そこに自分の気持ちを書いてもらうことにしたのでした。さっちゃんに話をさせようとするのではなく、自分たちがさっちゃんの気持ちを理解しようと考えたのです。

誰かを変えようとするとき、大人はその人を変えよう変えようとしてしまいます。けれども子どもたちは、お話ができないさっちゃんを、そのまま丸ごと、受け止めたのです。

〝そのままでいいよ、さっちゃん。さっちゃんがお話をしないなら、ぼくたちがさっちゃんのこえなきこえを聞こう〟

これにはすごいなあと思いました。

次の日、ある子の机の上に、さっちゃんのメモが貼られていました。そこには「おはよう」と書かれていました。

朝、そのメモを貼られた子どもがさっちゃんのメモに気がつきます。それを見てその子がさっちゃんのところへ走っていき、

「さっちゃん。おはよう！」

と言いました。

さっちゃんはにっこり笑いました。さっちゃんがはじめてお友だちと話をした瞬間です。私はその光景を見て涙があふれて止まりませんでした。


さっちゃんの心が開いた。こえには出さなかったけれど、さっちゃんはどれだけ嬉しかったことでしょう。

自分のこえが届いて、お友だちと話すことができた。お友だちと笑い合えた。

私はこのとき、友だちと笑い合えることは当たり前のことではないのだということを、子どもたちから教えてもらいました。

お友だちと笑い合えるためには、心が開くことが大切なのです。私はこの瞬間、二人の子どものところへ走っていき、思わず二人を抱きしめました。たまらなく愛《いと》しかっ

たのです。

それから、さっちゃんのメモは増えていきます。

さっちゃんはそれから、毎日メモに一言を書き、全員の子どもたちの机の上に貼っていくようになりました。

こえを聞かせて

3学期が終わりに近づいた頃、さっちゃんがなぜか学校に来なくなりました。

しかし、私が気がつくよりも前に、子どもたちはその原因に気づいていました。子どもたちは教えてくれました。

「卒業式の練習が始まったからだよ。名前呼ばれたら、返事せんといかんけん」

そしてこうも言いました。

「先生、勉強やめよう。さっちゃんがどうやったら学校に来るか、みんなで考えよう」

話し合いの末、子どもたちが出した結論に、私はまた驚かされることになります。

「さっちゃんが来られないなら、ぼくたちが行こう。さっちゃんに卒業式のやり方を教えよう」

それから子どもたちは、いくつかのグループに分かれて、何度もさっちゃんの家に行ってくれました。歌を教えるグループ、卒業証書の受け取り方を教えるグループ、どの子どももさっちゃんのために、一生懸命でした。


卒業式の当日。

みんなが門のところで待っていると、さっちゃんがしっかりとした足取りでおばあちゃんと一緒にやってきました。

とはいえ、いざ卒業式が始まると私の胸には不安がよぎります。さっちゃんは、練習を重ねたほかのクラスメートと同じようにできるのだろうか。

ふと見ると、そんな私の心配に気づきもしない様子で、さっちゃんはみんなが起立するところで立ち、お辞儀をするところで頭を下げ、みんなが歌うところで（たぶん口パクですが）歌っていました。

クラスの子どもたちが教えてくれたからです。私はその光景に感動していました。

そして卒業証書授与。さっちゃんがステージの上に上がってきました。

「さちこさん」

と私が名前を呼んだそのとき、小さい小さいこえでしたが、はっきり聞こえた2文字。

「はい」


さっちゃんのこえです。

さっちゃんがこえを出してくれたのです。

はじめて聞いたさっちゃんのこえでした。体育館中がしーんとなりました。

私のクラスの子どもたちが、ポロポロと泣き出しました。さっちゃんのおばあちゃんは両手で顔を覆い、ワンワン泣いていました。見ると、さっちゃんも泣いていました。

お父さんとお母さんがいっぺんにいなくなってしまい、悲しい思いをしたさっちゃん。彼女は、こえを出さないことできっと自分を守ってきたのでしょう。

でも、そんなさっちゃんが心の扉を開いたのは、たとえどんなことがあってもさっちゃんのことを信じたおばあちゃんと、クラスの子どもたちの力です。信じるという子どもたちの愛情が、さっちゃんの心の扉を開けてくれました。

人は愛でしか変わらないんだということをこのとき教えてくれた子どもたちを、私はいまでも、心の底から尊敬しています。

卒業式が終わり一人で教室にいると、さっちゃんのおばあちゃんがやってきました。

「先生……」

いつも、元気のいいおばあちゃんが静かでした。

「ばあちゃんおめでとう。さっちゃん、卒業したね。ばあちゃんよくがんばったね」

そう言うと、おばあちゃんは駆け寄ってきてくれて、

「先生。さちこのこと、ありがとう。ありがとう」

そう何度もおっしゃいました。

そして最後に私の両手を握りしめて、「先生。本当にありがとう」と言うと、走っていってしまわれたのです。

次の瞬間、私の手に何かが握られていることを感じました。そっと手のひらを開けてみると、そこにあったのはくしゃくしゃな一万円札。私はびっくりしておばあちゃんを追いかけ、おばあちゃんに「こんなことをしてはいけない」と伝え、お札を返しました。

「ばあちゃんのこのうれしい気持ちを表せる方法はこんなことしか思いつかんかった」

おばあちゃんはそう言って、くしゃくしゃな一万円札を再び私に差し出し、頭を深く下げ、また走っていかれたのです。

私には、おばあちゃんにとってこの一万円札がどれだけの価値があるのかわかっていました。だからこそ、おばあちゃんの想いが伝わって伝わって、胸がいっぱいになりました。

さっちゃんがあれだけのいじめを受けても学校に来ることができたのは、おばあちゃんの「愛」があったからです。人は誰か一人でも自分のことを心から愛し、守ってくれる人がいると、強くなれる。あのおばあちゃんが、そしてさっちゃんが、身をもってそのことを伝えてくれました。このとき私も、子どもたちにとってそんな存在になりたいと強く思えたのです。

さっちゃんのおばあちゃんの一万円札は、いまでも額に入れて、自宅の机の上に飾っています。

未来のためにまく種

私が担任として子どもたちと一緒にいられるのは、長い人生のうちの、わずか1年か2年にすぎません。教師はそんな短い時間でいったい何を教えられるというのか。

きっとそれは〝教える〟というより、その子の中の光に向けて、光を信じて、〝伝える〟ことなのかもしれません。

さっちゃんを担任した年の2年前に卒業していったアキラにも、ある大切なメッセージを伝えていました。

＊＊＊

ます。

「アキラ！」

校長室のドアを開けると、そこにかつての教え子が３人の先生に囲まれて座っています。

あどけない顔はまだ小学生の頃の面影《おもかげ》をどこか残していましたが、でも体はずいぶん大きくなっていました。ガタイのいい先生たちに挟まれて窮屈そうに座っているアキラの姿は、どこか滑稽《こっけい》にすら思えました。

アキラが通う高校の生活指導の先生からお電話をいただいたのは、私のクラスの生徒がみんな下校した静かな夕方のこと。

「香葉村先生ですか？　うちの生徒の大田が煙草《たばこ》を吸いました。何度言っても吸うのをやめないのです。このままだったら退学になる、誰の言うことだったら聞くんだと尋ねたら、小学校の頃の担任の先生だと言う。申し訳ないのですが、一度こちらに来て大田と話していただくことはできないでしょうか」

６年生の頃のやんちゃなアキラの姿がすぐに頭に浮かびました。

「アキラ、何があったん？」

校長室でふてくされているアキラに向かって、私は静かに尋ねました。

するとアキラの目にみるみると涙がたまり、そして、大きな体を震わせて先生方にこう怒鳴ったのです。

「お前ら！　いま聞いたか？　香葉村先生はな、俺に、何があったんって聞いてくれたやろ！　お前らはいつも煙草やめろしか言わんかった。俺に一度でも理由を聞いてくれたことがあるか？　俺の理由なんか、聞いてくれたことないやろ！」

突然大ごえを出したアキラに、先生たちはびっくりした様子でした。

それからアキラは、こえを落としてこう続けました。

「俺の母さんはな……ガンになった……。母さんはな、死ぬかもしれん。だから、俺は……不安で……さみしくて……一人の時間に、煙草を吸った……」

やっぱり、そうだったんだ。

この子が悪さをするときは、話を聞いてもらいたいときなんです。

「そうだったんだね、アキラ。辛かったんだね」
そんな言葉が自然とこぼれました。すると、アキラの「心のコップ」の蓋《ふた》がぱかーんと開いた音が聞こえたような気がしました。アキラはその場でうわああああと大ごえで泣き崩れました。

アキラは小学生の頃から「謝りなさい」と言っても、なかなか頭を下げない子でした。私が受け持った中でもベスト3に入る、筋金入りの「やんちゃ」な子ながら、優しい子でした。話を聞けば、いつもちゃんと彼なりの理由があったのです。

校長室で泣いているアキラを見て、私は大ごえでアキラを怒鳴った日のことを思い出していました。体育祭の練習中に、アキラがふざけて友だちにケガをさせたのです。「卑怯《ひきょう》なことするな！　あんたはそんな子じゃないでしょう。先生はアキラを信じてるんよ。何があっても信じてる。たとえ犯罪者になっても、きっと、何か理由があったんだろうって考える。だから、いつも正々堂々としていなさい」
そんなとき、いつもアキラはまっすぐな目で私を見ました。そして「先生はどうして俺を信じられるんだ？」と聞きました。

私はとっさに「アキラが好きだからよ！」とだけ答えました。それが答えになっているのかはわからないけれど、私がアキラにいちばん伝えたい言葉でした。

アキラはそれから、意味もなく人にあたることがなくなっていきました。

アキラの卒業から数年後、私が当時の学校を去っていくとき、アキラは元6年生のクラスメートみんなを集めて花道をつくって、私を送り出してくれました。


後日、高校の生活指導の先生からお電話をいただきました。次の日からアキラは、一切煙草を吸わなくなったと。

アキラは誰かに自分を信じてほしかっただけなんです。だから私を呼び出してくれたのでしょう。子どもも大人も、この気持ちは一緒なんだと思います。


アキラはいま、ホテル業界に就職しています。はじめに就職したホテルは有名なホテルで、そこで働いている自分を見てほしいと連絡をもらいました。

私が見に行くと、誰よりも正々堂々と仕事をしている彼の姿がありました。いまは

「世界中の人たちに日本の和の心を伝えるホテルをつくる!」とがんばっています。

子どもたちの花が咲く。私はその日を信じて、ひたすらに子どもたちの心に種をまくだけです。目の前で咲かなかった花でも、10年後、20年後、どこかでこの種が芽生え、咲き誇るかもしれない。その頃には、子どもたちは私の名前なんて忘れてしまうかもしれません。私が話したことも、覚えていないかもしれない。

でも、それでいい。それが私の仕事です。


けれど、子どもたちが私のもとを去るときに、たった一つだけ持っていってもらいたいと願うことがあります。

それは、この世の中には、自分を大切に想ってくれる大人が、ご両親のほかにもいるということ。私と過ごした時間の中で、私に愛されて愛されまくったということ。

その記憶だけは忘れないでいて。

愛を知っている人は強いから。

愛を知る人は、きっと、人を愛せるから。

第3章

6年3組の卒業式

17秒

――17秒という時間。

数えてみると、思ったより長いと感じるかもしれません。

さっちゃん卒業の2年後。17秒しか体育館にいられなかったある男の子がいました。みんなは彼をシュウと呼んでいました。シュウは、さやかが亡くなった2年後に受け持った生徒でもあり、どん底にいた私を救ってくれた生徒の一人です。

シュウのクラスを誰が受け持つかが職員会議で話し合われたとき、誰からも手が挙がりませんでした。無理もなかったかもしれません。シュウは担任に唾《つば》を吐く、クラスメートに暴力をふるう、窓ガラスを割るなど、手がつけられない子どもだったからです。

彼の問題行動は教育委員会にも知られ、5年生のとき、シュウの監視のためだけに派遣された二人の先生に一日中記録をとられるようになりました。

一人はシュウが誰かに手を出しそうになったら間に入って止める先生。もう一人は、シュウの行動をずっと記録していく先生です。

その先生がつけた記録の中に「体育館にいられた時間、17秒」というものがありました。シュウは体育館に入ると、「俺の敵がいっぱいいる」と言いました。そして「気分が悪くなった」と言って、外に出てしまうのです。そのシュウの後ろを、記録担当の先生がただついていく……。とても異様な光景でした。

シュウの6年生の担任を誰がするかという話になったとき、教員たちの頭の中には、卒業式のことがよぎったでしょう。こんな子どもをいったいどうやって卒業させたらいいのか……。結局、結論が出ないまま会議が終わりました。

でも私は、会議の後に一人で校長室へ行き、「私にやらせてください」と言いました。自信があったわけではありません。むしろ、当時の私は自分に教師の資格があるのだろうかと悩んでいました。

その年、私のはじめての教え子だったさやかが自殺したからです。教え子を救えなかった自分に教壇に立つ資格などないと、私は自信をなくしていました。

でもこのとき、「逃げないで！」というこえが聞こえたような気がしたのです。それはもしかしたら「さやか」のこえだったのかもしれません。

身勝手な理由ですが、さやかの代わりに、さやかにしてやれなかったことをシュウにしてあげたかった。たった一瞬でもいいから、人の温かさを感じてほしかった。

私は、シュウの担任になりました。

あんなに足がガクガクと震えた学級開きははじめてでした。

私は32人の子どもたちを前にして、

「6年3組。32人全員笑顔で、この教室から卒業する!! それが6年3組の目標です!!」

と叫びました。

私はシュウに伝えたかった。5年生の終わり、教室に入ることすらできなくなっていたシュウを、教室から卒業させてやりたかった。いつも人をにらんでいたシュウに笑ってほしかったのです。

その頃のシュウは人に手を出すことも多かったけれど、1年生から4年生まではその逆でたくさんいじめを受けてきています。みんなから無視され、持ち物を壊され、誰からもこえをかけられずに生きてきたシュウ。

シュウは心を閉ざしていったのです。そんな彼の心の中に、私はどれだけ入っていけるかわからない。それでも、どうしてもシュウの心に飛び込んでいきたい。

そんなことを想って話をしている私のことを、列のいちばん後ろで腕組みをし、にらみつけているシュウの姿がありました。

運動会とこぼれる砂

6年生にとっては最後の運動会。

子どもたちはクラス対抗リレーをとっても楽しみにしていました。そのときのクラス対抗リレーは、1周走る人と半周走る人をクラスごとに決めていいとするルールでした。他のクラスは1周走る人を足の速い子が請け負います。けれども、私のクラス、6年3組では、それほど足の速くないシュウが「1周走りたい!」と言ったのです。

周りの子どもたちはシュウとかかわりたくないのでしょう、

「シュウが走りたいならいいよ。シュウ。1周走り」

と、シュウの言うことに反対することもしませんでした。

けれども、他のクラスの1周走者は足の速い子どもたちばかりです。シュウは練習時、1周走る途中で必ず追い越されました。

追い越されると、シュウはいつも途中で走るのをやめました。あるときは自分を追い越した相手を殴りにいきました。あるときは、追い越された瞬間、逆走していきました。そのたびに6年3組は失格となりました。


その日もシュウは1周走っている途中で追い越されて、運動場の別のところへ走っていってしまいました。私がシュウを追いかけ、

「なんで最後まで走らない？　追い越されてもいいから次の人にバトンを渡しなさい！」

と言ったその瞬間。

「お前に何がわかる？　お前に俺の気持ちがわかるのか？」

と言い、運動場の砂をたくさんすくって私めがけて投げつけたのです。私は全身砂だらけになり、そんな私のところに、6年3組の子どもたちが集まってきました。そして私に、

「先生。お前、先生だろ。なんとかしろや！」

と言いました。

私は頭の中が真っ白になりました。何も言えませんでした。そんな私に子どもたちは、

「先生。もうシュウのことあきらめて」

「俺たちにとって最後の運動会。シュウがいたら、俺たちのクラスは失格。順番がつかないクラスになる‼」

「シュウのことばかり考えないで」

「先生。運動会当日はシュウを休ませて」

と口々に伝えてきます。

すべての言葉が心に突き刺さり、私は何も言い返すことができず、ただ、その場にぼう然と立っていることしかできませんでした。

その日の夜、入浴するために脱衣所で服を脱ぐと、パラパラパラ……と、昼間シュウから投げつけられた砂が落ちました。

その砂を見ていたら、涙が出て止まりませんでした。悲しかったわけではありません。自分が情けなくて仕方なかったのです。

それまで自分の十年以上の教師人生において積み重ねてきたさまざまな愛情表現を、私はシュウにすべてやりつくしていました。ほめもしました。怒りもしました。話しかけ、話を聞きもしました。諭しもしました。でも、そのどの接し方も、シュウの心には届かなかったのです。卒業式までは絶対に泣かないと決めていた私でしたが、自分の情けなさに涙が次々にあふれます。

子どもたちに〝心〟を伝えていくと決めたのに。さやかに約束したのに。

結局、私は何もできていない……。

学級崩壊

私のクラスは、学級崩壊していると認めざるをえませんでした。自分には、それを止める力がなかったことも。

その日、シュウが学校を休みました。シュウの下駄箱に上履きが入っているのを見て、私はある決意をしました。子どもたちに私の想いを正直に話そう、すべてなくした自分のままで、私は最後に子どもたちを頼ろうと思ったのです。

教室に入って、言いました。

「あのさ……みんなに話したいことがあるの」

31人の視線が私に集まりました。

「シュウに気持ちが伝わらん」

教室は静まり返っていました。

「先生、シュウにいろんなことをしてきた。想いも伝えたし、怒りもした。シュウのお父さんとも話をした。だけど、シュウに想いが伝わらない。先生、本当にどうしたらいいかわからない。

でもね、先生はやっぱりあきらめられない。だからお願い。

先生に力を貸してほしい。

シュウは、17秒しか体育館にいられなかった。それでも、あの体育館で先生はシュウに卒業証書を渡してあげたい。

みんながシュウに教えてあげて。友だちはあったかいんだってこと。クラスは一人でも欠けたらクラスじゃなくなる。だから、お願いだから……」

自分でも情けなくなるほどに、まるで子どもが母親に泣きすがるように、私は話しました。

「先生に力を貸してください」

そう言って頭を下げた後、数秒ほどの沈黙がありました。その沈黙を破って、一人の男の子が言いました。

「わかったよ、先生。俺も外されたらいやだもんな」

女の子たちもこんなことを言ってくれました。

「シュウがいたからこんなクラスになったじゃなくて、シュウがいたからこんなクラスになれたって言えるクラスにしよう」

そして子どもたちが次々に立ち上がり、言ってくれました。

「やるよ！　ぼくもやる！」

「私も、シュウにこえかけていくよ」

「シュウも6年3組の仲間にしていくよ」


……すべてをやりつくした私が最後にたどり着いたのは、「周りの子どもたちを信じる」「シュウを含めたすべての子どもたちを信じる」ということだったのです。

本当のことは、目に見えないの？

シュウが、5年生の頃の体験を私に話したことがありました。

「ある日、俺が教室に行こうと思ったら、教室に鍵がかけてあった。それで、俺のランドセルだけが廊下にポンと置いてあった」

教室に誰もいなくなるときには鍵をかけなければいけないのですが、担任の先生がシュウが戻ってきていないことを知りながら、鍵をかけてしまったようなのです。

その瞬間、シュウは決めたそうです。

「俺は、あの教室には二度と戻らない。俺の居場所はない」

それからシュウは教室に向かうことなく、シュウのために用意された会議室に登校するようになりました。

シュウのお父さんからお聞きした話では、シュウは4年生までいじめを受けていたそうです。お父さんはシュウにこうおっしゃいました。

「もう、我慢しなくていいんだよ」

皮肉なことに、シュウの問題行動が始まったのは、その後のことでした。


ある日、教室でシュウがまた暴れました。

何か気に入らないことがあったらしく、クラスメートに暴力をふるったのです。

暴れるシュウを押さえつけるために、私はシュウの上に乗り、押さえつけました。

「シュウは、なんで人を叩くの？　なんで人をいじめるの？」

押さえつけながら必死で問いかける私に、シュウもこえを張り上げて叫びながら抵抗しました。

「俺は、人をいじめたりしてない！」

「じゃあ、なんで暴れるの？」

「お前に何がわかる！」

と、いつもの捨て台詞が出たところで、私は叫ぶように切り返しました。

「わからん！　わからんけん、教えて！　教えて、シュウ！」

するとシュウは、

「俺は、俺はただほしかっただけだ。友だちがほしかっただけなんだー！」


そう叫び、ツメを立てて床を何度も何度もひっかいて、ワーッと泣きました。

その姿は、私を含めた大人たちが取りこぼしてきた、シュウの本当の姿です。彼の問題行動ばかりに目をやり、シュウが心の中で何を願っていたのか、大人たちは気づけずにいました。

私は泣き叫んでいるシュウをただ抱きしめ、「ごめんね、ごめんね」としか言うことができなかった。


友だちがほしかった……。

私はクラスのみんなにこのシュウの想いを話しました。

「シュウは、みんなを叩きたいわけじゃないんだって」

みんなが真剣な顔で聞いてくれました。

「シュウはね、友だちがほしかったんだって」

私がそう言い終えると、みんな泣いていました。

そして、一人の子がこう言いました。

「先生、本当のことは、目には見えんの？」

私は言いました。

「ううん。見える。シュウの心を見ようとしたら見える。見てごらん」

私は、シュウに居場所をつくってあげたいと心から思いました。そしてこの日を境に、子どもたちも変わっていきました。

子どもたちは、シュウから叩かれても逃げなくなりました。叩かれた顔を真っ赤にはらしながら、でも両手を広げて、「シュウ、叩いたらいかん！」と言ってくれるのです。

シュウが暴れている様子を他のクラスに見せまいと、窓を閉め、カーテンを閉める子、当たったら危ないからと机をよける子、私を呼びにくる子、シュウに「落ち着け、落ち着け」と言う子……。そんな役割分担さえできはじめていました。

そんな子どもたちの様子を見て、私は校長先生にお願いしました。シュウの監視の先生を外してほしい。シュウのための会議室もなくしてくださいと。

「大丈夫ですか？」と心配する校長先生に言いました。

「シュウの帰る場所は、6の3の教室です。ここしかありません」

クラスの武器

シュウが窓ガラスを割って教室を去ったとき、クラスの子がシュウを呼びに行きました。

「シュウ、ガラスを片づけんといかん」

教室では、みんながシュウの割ったガラスを片づけていました。

「お前だけじゃない、みんなで片づけてるやろう。お前だけじゃなかろう！」

そう言われたシュウは黙って片づけをしました。

そうして少しずつ変わりはじめていたシュウですが、運動会が近づいてきても、相変わらずリレーの途中で走るのをやめてしまっていました。

そこで、私は考えに考えて、一つのかけに出ることにしたのです。

シュウを呼んで言いました。

「シュウ、あんたは半周がとっても速いよ。半周なら誰にも追い越されない。だから、この半周をね、クラスの武器にしよう」

「武器？」

シュウが嬉しそうに目を見開いたのがわかりました。

「そうよ、シュウの半周は、クラスの武器よ」

そして、クラスでいちばん足の速いハヤトに言いました。

「シュウが半周走った後に、ハヤトが1周走って」

ハヤトが私に目くばせしながら言いました。

「わかった、先生。シュウ、半周走って。俺はその次を走るけん」

すると、シュウは言いました。

「わかった、俺はクラスの武器やけん、半周走る！」

運動会の当日、クラスのみんなで円陣を組みました。

「シュウ！　シュウは、クラスの武器やけんね！」

パーンというピストルの音で、6年生のリレー「ラストラン」が始まりました。どのクラスも一生懸命。私は、ゴールテープのところでこれから走る子や走り終わった子たちを整列させる担当です。目の前を、子どもたちが必死で走っていきます。

6年3組の子どもたちは、2位のポジション。

そしていよいよシュウにバトンが渡り、私たちは必死でシュウを応援しました。

「シュウー！」

「シュウー！」

シュウは何度も後ろを振り向き、追い越されないか気にしながらも一生懸命走りました。そして誰からも追い越されることなく、アンカーのハヤトにバトンを渡したのです。

私たちはそれだけで、まるで優勝したかのように喜びました。

そして次の瞬間、運動場から割れるような声援が聞こえてきました。見ると、1位の走者とかなり差がついていたアンカーのハヤトが、その距離をどんどん縮めていたのです。

それは、すごいスピードでした。私たちはもしかしたら……と思い、今度は、ハヤトを応援しました。

「ハヤトー！」

「ハヤトー！」

そのこえの中には、シュウのものもありました。

大きな声援に包まれるハヤトの姿を見ていると、私は涙がこみあげてきました。視界がぼやけそうになったとき、ハヤトは私の目の前で、なんと前の走者を追い越し、ゴールテープを切ってくれたのです。

全校生徒の大きな大きな歓声が聞こえてきました。シュウも6年3組の子どもたちも、飛び上がって喜んでいました。まるで、ドラマを見ているかのようでした。

私はハヤトのところへ行き、こえをかけました。

「ハヤト！　最後までよくあきらめなかった。よくがんばったね！」

そう言うとハヤトは、

「違うよ。先生。ぼくじゃないよ。クラスの武器のシュウががんばってくれたからだよ……」

そう言ってにっこり笑いました。

その言葉を聞いて、私はいよいよ涙があふれました。

卒業アルバムのうそ

この運動会以降、6年3組は一つになっていったように感じます。

シュウは、問題行動が完全になくなったわけではなく、クラスの子ともしょっちゅうケンカをしていました。でも、もう孤独ではありませんでした。みんなが対等に接してくれたし、シュウが自分の気持ちを表現するのが苦手だということを知り、シュウの本当の気持ちを見ようとしてくれる子がたくさんいたからです。

このまま無事にシュウが卒業式を迎えることを思い描いていたある日、最後の事件が起きました。

それは卒業式の10日前。みんなの卒業アルバムが届きました。その中の、クラス全員で書いた寄せ書きのページを見て、ミキちゃんが凍りついたような顔をしたのです。

「先生……、私の名前のところに、うざいって書いてある」

私も一瞬凍りつきました。次の瞬間考えたのは、シュウのこと。シュウがやったのだろうか……。でも、私はその考えを自分の中で打ち消しました。

そして、子どもたちを集めました。

「クラスのアルバムにうざいって書いてある」

そう口にしながら、自分を落ち着かせようと必死でした。

「1年間、先生はみんなに何を言ってきたかな。お友だちを大切にしようって。みんなには、先生が言ってきたことは伝わってなかったのかな」

あと10日で卒業式なのに……！　話しているうちに悲しさと悔しさがこみ上げてきました。気持ちが高ぶって、私はひどいことを子どもたちに言ってしまいました。

「こんなんじゃ、卒業できんよ」

そんな捨て台詞を言って、私は教室から飛び出してしまったのです。

しばらくすると、二人の子が職員室にやってきました。クラスのリーダーのリョウマと、優しくて頭のいいケンジでした。

リョウマが言いました。

「ケンジが、ぼくがやったと言ってる」

その言葉を聞いて、ケンジがやるわけがないと私は思いました。二人は誰かをかばっているのです。

「先生、ケンジ、たまたま気が動転してたのかもしれん。だからこんなこと書いたのかもしれん」

明らかにうそとわかる言い訳をするリョウマ。

「ケンジがやったのなら、みんなに謝らないといけない。理由を話して、みんなに謝らないといけないんよ」

と、私は言いました。ケンジは「わかった」と言いました。

そして、ケンジはクラスの子どもたちの前で謝りました。

「ミキちゃんとその頃ケンカしていて、むしゃくしゃしていて……それでぼくが書いた。ごめん」

そのケンジの言葉を聞いて、周りの子どもたちは、うん、うん、とうなずいていました。でも、そのケンジと子どもたちの様子を見ていて、私はすべてを悟《さと》ったのです。

「うそだね。全部うそだ。ケンジはうそをついてるね」

子どもたちは、えっ、というような顔をしました。リョウマがすぐに、

「そんなことないよ先生。誰もうそなんてついてない！」

そのリョウマの言葉に重ねるように私は叫びました。

「それでいいと思っているの？　ケンジ一人の責任にして、みんなはそれでいいと思ってるの!?」

ケンジも、ほかの子どもたちもみんな下を向いていました。

「先生が怒るから？　先生が悲しむから？　だから誰かがやったことにして、このことを丸く収めようとしたみたいだけど、これが6年3組なの？　これが1年間みんなでいろいろなことを乗り越えてきた6年3組なの？」

沈黙が流れました。でも次の瞬間、その沈黙を破るように、

「違うよ！　先生。違う！」

リョウマが泣きながら叫びました。

「そうだよ。先生。ケンジはやってない。ケンジは、うざいなんて書いてない。みんなで相談したんだ。どうしようか相談したんだ。そしたら、ケンジがぼくがしたことにするって……」

ケンジは泣き出しました。そして「先生。ごめんなさい」と謝りました。

子どもたちも次々に、ごめんなさいと謝罪の言葉を口にしました。

そんな中、リョウマが泣きながら、静かに、そしてとぎれとぎれに私に言ったのです。

「でもね、先生。ぼくたちは先生をだまそうとしたわけじゃない。ぼくたちがこんなことでもしないと、ぼくたちに自分の想いが伝わらなかったって、先生は先生を辞めるでしょ。

先生が先生を辞めたら、ぼくたちはどこに帰ってきたらいい？」

リョウマの言葉は、私のたましいを貫くようでした。涙が次から次にあふれてきます。この子たちは何よりも、私のことを考えてくれていたのです。

シュウとの1年間は、私のそれまでの教師生活で培《つちか》ってきたものを結集して臨んだような時間でした。けれど、最後にこんな事件が起きてしまった。私はもう、すべての保護者や子どもたちに申し訳ないという気持ちでいっぱいで、教師を辞めようと考えていました。そのことを子どもたちは全部わかっていたのです。

リョウマの言葉を聞いて、私はうわあああとこえを上げて泣いてしまいました。

その姿を見て、シュウが言ったのです。


「ごめん、俺がやった」


ミキちゃんがすかさず言いました。

「先生、シュウを許してやって！」

他の子も言いました。

「シュウが自分で言ってくれたから、ぼくたちは、シュウに聞かんですんだ。お前がやったんかって言わなくてすんだ。だから、許してやって」

ミキちゃんが言いました。

「先生、ごめんなさい！」

子どもたちは、痛いくらいに人の気持ちを理解できる、人を思いやることのできる子に成長していました。わかっていなかったのは、本当に私のほう。

私はこう言うのが精いっぱいでした。

「謝らんでいい。あんたたちの気持ちはわかったから」

私は、この一件を報告するため、校長室に向かいました。「うざい」という落書きが見つかってすぐに、校長先生にはすべてをお話ししていたからです。

校長室の扉を開けると、私はその光景に驚きました。なんとそこには、6年生すべての卒業アルバム152冊が山積みにされていたのです。そして、校長先生はお一人で、その落書きを一冊一冊、消してくださっていたのです。

「校長先生……」

とだけしか言えない私に、

「わかっていますよ。わかっています。

何も言わなくていい。ここはまかせておきなさい。

あなたは先生です。あなたが行くところは教室です。さあ。子どもたちが待っていますよ。教室に戻りなさい」

校長先生はそう言ってくださいました。

私が行くところは教室。

どんなことがあっても、私は教室が大好きで、教室に入ると癒されてきた。

子どもたちのところへ帰ろう。

私のことを待っていてくれる、あの子たちのところへ帰ろう。

私は、校長先生の大きな愛を感じながら、深々と頭を下げ、子どもたちのところへ戻っていきました。

32人のありがとう

3月17日。

大好きな『ハナミズキ』の曲に合わせて、卒業式が行われました。

みんなの名前を呼ぶとき、一人ひとりを手放すようで、さみしさで胸がいっぱいになりました。

シュウが壇上に登ってくると、情けないことに私は涙でこえが詰まって、シュウの名前をなかなか呼べませんでした。子どもたちは心配そうに私を見つめ、ざわざわしていました。

けれど、シュウは一度も私のほうを見ませんでした。ただ校長先生のほうをしっかり見て、背筋を伸ばして、名前を呼ばれるのを待っていたのです。

17秒しか体育館にいられなかったシュウ。

その体育館から、立派に卒業していこうとしている。

私はたまらない気持ちでシュウの名前を読み上げました。

「はい！」

シュウの大きなこえが体育館に響きました。そのこえを聞き、体中が震えました。

それは、6年3組の学級開きの日、子どもたちに言った、「6年3組。32人全員笑顔で、この教室から卒業する!!」という夢が叶った瞬間でした。

シュウはたくさんの仲間に囲まれて、卒業証書を手にすることができたのです。

卒業式が終わり、体育館から子どもたちが退場していきます。私は体育館の出入り口に立ち、その様子を見守っていました。

6年1組が、退場していきました。

6年2組が、退場していきました。

6年3組。なぜか子どもたちが退場しません。立ったまま、ポロポロと涙をこぼし、誰一人として動きませんでした。

私を含む列席の全員が、〝どうしたのだろう〟と思いました。すると、そのときです。私の耳に聞こえてきたのは、シュウのこえ。

「かばむらせんせーい！」

私はびっくりしてこえのほうを見ました。次の瞬間、リョウマが「ありがとうございました！」と大きなこえで叫び、深々と頭を下げました。

そして、32人の子どもたちが一斉に私のほうを振り向き、「ありがとうございました！」と叫びながら頭を下げてくれたのです。

胸がいっぱいで、私はその場に泣き崩れました。

そんな私の横を、私の自慢のあの子たちが、ポロポロと涙をこぼしながら退場していきました。

6年3組の生徒が退場するときには、すでに退場の音楽は終わっていました。ただ、子どもたちのすすり泣くこえが響くだけ。


「ありがとう」と言わなければいけなかったのは、私のほうでした。

さやかのこともあって自分を信じられなくなった私に、もう一度〝人を信じることの大切さ〟を教えてくれたのはこの子たちでした。

私が子どもたちに〝本気でぶつかろう〟と決めたとき、私以上に私に本気でぶつかってきたこの子たち。そして、私が子どもたちを〝信じよう〟と決めたとき、全身で私のことを信じてくれた子どもたち。

そして何より、私が子どもたちを〝愛そう〟と決めたとき、この子たちは私に無償の愛を与えてくれたのです。

この後、シュウは中学校へ上がっても、やっぱり集団生活にはなじめなかったようです。結局、保健室に登校するようになりました。

けれど、お昼休みにシュウの周りで給食を食べていたのは、あの6年3組出身の子どもたちだったと聞きました。

卒業してもまだ大切な友だちのことを守ってくれているその健気《けなげ》な姿から、私たちは多くのことを学ばされる気がします。

第4章

心のビー玉

新たな戦場

シュウを送り出した次の年の春、任期が満了になったので、私は新しい小学校に赴任していました。

「先生が先生を辞めたら、ぼくたちはどこに帰ってきたらいいの？」

あの日、うそをついてまで私に教師を続けさせようとしてくれたリョウマの言葉が胸に残っていました。

教え子が自殺し、パートナーとも別れ、お金もなく、苦しくて辛い時間の中、ここからもう起き上がれないと思っていた。なのに教室には、自分でもびっくりするくらいに明るい世界が広がっていたのです。教師という職業の尊さを思わずにはいられませんでした。

まだまだ辞められない。私を支えてくれた子どもたちの顔を思い浮かべながら、私はそうつぶやいていました。

担任するクラスが発表された日、校長先生は私を励ますように、こうおっしゃいました。

「香葉村先生、がんばってくださいね。2年1組は本当に大変ですから」

その言葉を聞いて、私は神妙な面持《おもも》ちで「わかりました」と答えました。でも次の瞬間、笑みがこぼれそうになるのを抑えられなかった。なぜなら、校長先生にまで「大変」と言われるような子どもたちです。いったいどんなに「やんちゃ」な子どもたちなんだろう。聞けば、1年生のときにすでに学級崩壊寸前だったといいます。それでも私は、わくわくしていました。

私には確信がありました。2年1組の子どもたちは、周りの大人がびっくりするくらい「キラキラしたもの」を持っているに違いないと。

アキラやシュウに教えてもらったことです。「大変だ」「問題児だ」と大人から言われるような「やんちゃな子」は、いつもそう。大人が気づかないだけ。大人が理解しないだけ。でも、かけがえのないとっても素晴らしいものを持っています。

だから私は「大変」と言われる子どもたちをまかせてもらえて、今回もチャンスだと思いました。私がみんなに貼られた「問題児」のレッテルをはがす最初の一人になれるから。
彼らの中に隠された「キラキラ」を最初に見つけることができるはずです。

もぐら叩き

2年1組は、エネルギーにあふれた子どもたちでいっぱいでした。

授業中もじっと座っていることができない子が何人もいましたし、「教科書を開きましょう」という指示をしただけで、腕が当たっただの、うるさいだのとそこら中で言い合いや小突き合いが始まる始末……。

2年1組の状態を見て最初に頭の中に浮かんだイメージは、「もぐら叩き」でした。こちらを抑えると、あちらが暴れ出す……。「エネルギーにあふれた」クラスと書きましたが、みんな、あふれ出るエネルギーをどこに向けたらいいのか、どうやって発散したらいいのかわからなくて暴れているように見えました。

私はある日、みんなに質問をしました。

「自分のいいところはどこだと思う？」

そして、一人ずつカードを渡して、そこにいいところを書いてもらうことにしました。ところが、いつまで待ってもほぼ全員が「白紙」のままなのです。私は、はなちゃんにこえをかけました。

「どうして何も書いてないの？」

私が尋ねると、

「だって……いいところなんてないもん」

と、答えが返りました。

「そんなことないよ。はなちゃんは笑顔が素敵だよ」

私がそう言うと、はなちゃんは一瞬嬉しそうな顔をしましたが、こう続けました。

「そんなん、いいところじゃないし……」

他の子どもたちもそうでした。いいところをたくさん持っているのに、それを素直に認めることができない、自尊感情がとても低い子どもたちでした。

授業中もそうです。自分の答えに自信がないからか、なかなか手を挙げられない。

休み時間はあんなに大きなこえなのに、発表するときは聞こえないくらいのこえ。

「あなたたちの夢は……？」

わからん……、知らん……、ないもん……。そう答える子どもたち。私はこの子どもたちに、「自分を信じる力」を伝えていきたいと思いました。このエネルギーあふれる子どもたちならきっと伝わると、そう感じたのです。

そこで考え出したのが、ある朝礼への取り組みでした。


私は三重県で創業した「てっぺん」という居酒屋の朝礼が大好きでした。その朝礼では大人たちが明るく夢を語っていて、私は、自分が担任になる子どもたちの表情を、こんなふうに元気のある、明るいものにしたいと思ったのです。

そこで、子どもと一緒に私たちだけの「朝礼」をつくろうと考えました。

子どもたちに自分を信じてもらいたい。子どもたちに夢をいきいきと語ってほしい。

そして、子どもたちに自分のことを大好きになってもらいたい。

大好きな子どもたちとつくり上げることができれば、きっと、みんなが大好きな朝礼ができ上がる。

「はい！」と大きな返事、「おはようございます！」と元気なあいさつ。「ありがとうございます！」という大切な言葉。そして子どもたちにいちばん感じてもらいたいメッセージ。

「私はできる」
「ぼくはできる」
「絶対できる」

自分のことを信じてごらん。あなたたちなら絶対にできるから。
そんな想いでいっぱいでした。

2年1組の子どもたちはエネルギーいっぱいでしたから、大きなこえであいさつをするこの朝礼がどんどん好きになっていきました。
あるとき、みかちゃんという女の子のお母さんから、お手紙をいただきました。

「先生。みかは今度の運動会で、かけっこで1番をとりたいと言いました。周りの大人たちは、左足が思うように動かないみかに〝それは無理だよ〟と言いました。

でも、みかは〝できるよ。私にはできる〟と言って聞かないのです。それどころか、学校から帰ってきて、みかはとうとう自主練まで始めました。家の周りをぐるぐると走っているのです。よーく聞いてみると、みかは〝私はできる〟〝私はできる〟と言いながら走っていました。

先生。みかに自信をつけさせてくださってありがとうございます」


このお手紙だけでも嬉しかったのですが、もっと嬉しかったことには、みかちゃんがなんと、かけっこで1番をとったのです。

「私はできる！　ってね。魔法の言葉だよ！」

運動会が終わると、みかちゃんはみんなの前で言いました。どちらかといえばおとなしいみかちゃんが変わっていく姿に、子どもたちは驚いていきました。

「『私はできる！』って魔法の言葉なんだ」

そう言って、子どもたちはますます朝礼が大好きになっていきました。

「先生、朝礼で『おはようございます』って言うとき、言うだけじゃなくて、頭を下げてあいさつしたらいいよ」

「前の席の人とも横の席の人とも、あいさつをしようよ」

子どもたちは朝礼をどんどん進化させていきました。はじめのうちは恥ずかしがってやらなかった子どもも、少しずつ輪の中に入るようになっていきました。

私は朝礼のときの子どもたちの、キラキラと輝いてまぶしい笑顔が大好きでした。なので、この2年1組の子どもたちとの朝礼を「キラキラ朝礼」と名前をつけることにしました。

夢の力

この朝礼の中で次に子どもたちが挑戦していったのは、自分の夢を語る、ということでした。自分の長所も将来の夢も「わからない」と言っていた子どもたちが、朝礼に取り組むようになってから、自分の殻を破るかのように、次々と夢を語り出しました。

パティシエになりたい、お医者さんになりたい、マンガ家になりたい……。

将来の夢というのは、つくづく、その子の人生を導く光だと思います。私も、母との約束を守ろうと「先生」という光を目指して歩いてきました。子どもたちのさまざまな光に触れ、私は温かな気持ちを抱いていました。


夢を語りはじめた子どもたちは、また変わっていきます。

ターザンになりたい。魔女になりたい。

こうした夢は、先の現実味ある職業に比べると思わず笑ってしまうような夢ですが、それを口にした子どもたちには、ちゃんと理由がありました。

「森の緑を守れるターザンになりたい」

「貧しい国の人たちを助ける魔女になりたい」

それを聞いて、この夢は素晴らしいと思いました。なんのためにその夢を持っているのか、子どもたちの心は透き通る川の水面《みなも》のようです。

嬉しくなった私は子どもたちに、「夢を話すときは空に向かって話しなさい。ぼくはできる！　私はできる！　って空に向かって言うんだよ」といつも伝えていました。

大好きな子どもたちと一緒に学び生活できるのは1年か2年の間。子どもたちが私の手から離れていったとき、大人になったとき、人生の壁にぶつかったとき、そのときに空を見上げてほしかったのです。

「あのね。苦しくなったら空を見るんだよ。そうしたらね、先生のこえが聞こえてくるから。〝あなたはできる。できるんだよ〟っていう先生のこえが聞こえてくるから。みんなでやった朝礼のこえも聞こえてくる。だから、ぼくの夢は……私の夢はって宣言した自分を、絶対に信じるんだよ」

私はいつも子どもたちにそう言い続けました。

人生の壁にぶつかったとき、自分のことを信じることのできる人間とできない人間では、人生が真っ二つに分かれてしまうくらい、大きな差があることを私は知っています。

――出逢った子どもたちには幸せになってもらいたい。

その想いがいつもあったと思います。

「キラキラ朝礼」に夢の力が加わっていった頃、2年生のすべてのクラスにこの朝礼が伝わっていきました。どのクラスも朝礼を始めてくれたのです。

地域の方の前であっても、保護者の前であっても、子どもたちはどんどん自信をつけていきました。

「自分にいいところなんてない」

「夢なんてない」

少し前までそんなことを口にしていた子どもたちが、たくさんの大人の前で堂々と胸を張って自分の夢を語っている……。

その姿を見たとき、自分を信じることの大切さを、改めて痛感しました。

「みんなのキラキラとした笑顔を、みんなのキラキラとした夢を、いつかこのキラキラ朝礼を、たくさんの人が見に来るよ」

そう言いながら子どもたちと一緒に目指したこの夢が、どんどん現実のものになっていきました。

マリちゃんの夏休み

キラキラ朝礼を始めたばかりの頃、子どもたちが「どうしてこんなことをするの？」と聞いてきたことがありました。私はすかさず、

「自分を信じてほしいからだよ。先生はみんなに自分の力を信じてほしい。みんなに自分のことを大好きになってもらいたいんだ」

と答えました。

放課後、一人の女の子が私のところへやってきて言いました。

「先生。先生は、みんなが自分のことを大好きになってもらいたいと言ったけど、それは無理だよ。だって、マリはマリのことが大嫌いだもん」

「マリちゃんは自分のことが大嫌いなの？」

「うん。だって先生、マリを見て。すごいアトピーでしょ。アトピーでね、かきむしると真っ赤になって、そこに薬をつけるとテカテカ光って、マリはおばけって言われたことがあるんだ。だからマリはこんな自分が大嫌いだ」

その頃2年1組では、朝は「キラキラ朝礼」を行い、帰りは全員の子と「ハイタッチ」をして帰っていくようになっていました。「帰りのあいさつ」の後に、一人ずつハイタッチをして、全員の子とお話をして、さようならをします。

「今日は発表がんばったね」

「今日のとび箱は5段とべたねー」

私はハイタッチをしながら、みんなにこえをかけていきました。

そして、マリちゃんの順番に。私は言いました。

「マリちゃん、あなたのほっぺたはよくなるよ。足も手もかゆくなくなっていくよ。自分の力を信じてごらん」

そうこえをかけて、マリちゃんの頬をさすりました。手をさすりました。足をさすりました。次の日も、次の日も、マリちゃんの番が来たら、「マリちゃん、自分の体の中にある力を信じるんだよ」と言って、マリちゃんのほっぺや足や手をさすりました。すると、私の姿を見た子どもたちが、少しずつ真似を始めたのです。

「マリちゃん、よくなる、よくなる」

「マリちゃん、自分の力を信じて、信じて」

その子どもたちの数はどんどん増えていき、夏休み前には、たくさんの子どもたちから手や足やほっぺたをさすってもらっているマリちゃんの姿がありました。

はじめは恥ずかしがっていやがっていたマリちゃんでしたが、その頃になると両手を広げて、ニコニコ笑って、みんなに触れてもらうことを喜んでいました。

明日から夏休みというその日。

マリちゃんは「はい！」と手を挙げて、私や子どもたちに話をしました。

「先生。そして、みんな。１学期の間、マリのほっぺたや手や足をさすってくれてありがとう。明日からは夏休みで、マリはみんなからさすってもらえない。

でも、マリは夏休みでも、帰りの会の時間になったら家の中で目をつぶって、自分で自分のほっぺたをさする。自分で自分の手をさする。足をさする。そして、その手を先生の手だって思う。みんなの手だって思う。

だから、みんな。マリに想いを送って」

その言葉だけで、私の目には涙がたまっていきました。すると、
「わかったよ。マリちゃん、想いを送るよ！」
「私も目をつぶって、マリちゃんのほっぺたをさするよ」
「まかせとって、どこにいてもやるよ！」
そう次々に言う子どもたち。思わず頬に涙がつたいました。

私は教室で子どもたちに勉強をはじめ、多くのことを教える立場にあります。でも、それ以上にたくさんたくさん、子どもたちから教わることがあるのです。

真の優しさとは、教えるものでもなく、この子たちが全部持っている。ニコニコしながら「私も目をつぶってさするよ」と言える子どもたち。こんなとき、私は感動で胸が震える思いがするのです。

2学期。登校してきたマリちゃんを見て、みんなびっくりしました。なぜなら、肌がとってもきれいになっていたからです。

マリちゃんのお母さんのお話では、マリちゃんの故郷の海の水がマリちゃんの肌に

合ったのではないかとのこと。でもマリちゃんは、

「違うよ、違う。みんながマリに想いを送ってくれたから。みんなのおかげだから」

と言いました。そして、

「先生。心のビー玉にビー玉を入れよう!!」

と言ったのです。


心のビー玉。

私はその頃、目には見えないものを子どもたちに見せてあげたいと思っていました。その一つが優しさです。

私の大好きな絵本に『花さき山』（斎藤隆介作・滝平二郎絵・岩崎書店刊）があります。

「この　花さき山　いちめんの　花は、
みんな　こうして　さいたんだ。
つらいのを　しんぼうして、
じぶんのことより　ひとのことを　おもって

なみだを　いっぱい　ためて　しんぼうすると、
その　やさしさと、けなげさが、
こうして　花になって、さきだすのだ」

この絵本を読んだとき、花の代わりにビー玉にしてはどうだろうと思いました。誰かが誰かに優しいことを言ったり、優しいことをしたりすると、〝心のビー玉〟と書かれたガラスの容器にビー玉を入れていくのです。誰かのことを想った優しさで花が咲いていく「花さき山」のように。子どもたちに、目には見えない優しさを、形として見せてあげたいと思ったのです。

この「心のビー玉」活動を始めてから、これまでお友だちの悪いところを言いつけに来ていた子どもたちも、次第にお友だちのいいところに目を向けるようになっていきました。

「先生。たろう君ね、1年生の子のアサガオの鉢植えが倒れてたのを一人で全部戻していたんだよ」

「先生。まみちゃんね。お友だちがこけてケガしたら保健室に連れていってたよ」

「そっか。じゃあ、ビー玉を入れよう。みんなの優しさのビー玉を入れよう」

私は「心のビー玉」ボトルにビー玉を入れるとき、子どもたちに目をつぶらせます。

そして、ビー玉が落ちてガラスにぶつかる音を聞かせるのです。

「みんなの心の中にもビー玉がある。一人ひとりの心の中にもビー玉がある。

お父さんが見てなくても、お母さんが見てなくても、先生が見てなくても、誰が見てなくても、そのビー玉を天は見ている。そして、みんなの心の中にあるガラスの瓶に、ビー玉を必ず入れてくれる。

だから、大丈夫。誰かが見ていなくても安心して、みんな優しくすればいいよ」

私はいつも、子どもたちにそう語りかけました。


その話をすると、子どもたちは喜んで、もっともっと優しくなっていきました。その姿はとても素敵で、まさにビー玉のように、美しいものでした。

だから、マリちゃんは言ったのです。

「先生。心のビー玉にビー玉を入れよう!!

みんなの優しさを入れるよ！　心のビー玉に、みんなの優しさが入っていくよ」

マリちゃんがそう大きなこえで叫ぶと、子どもたちの素敵な優しさが、音を立てて入っていきました。

私のヒーロー

私はこの「心のビー玉」の取り組みについて、あちこちで話をしました。子どもたちが喜んで優しさを見つけたり、お友だちに優しくできるようになっていったりすることが、とても嬉しかったからです。

すると、校内や、また校外のあちこちでこの「心のビー玉」に取り組んでくれるようになっていきました。小学校だけでなく、幼稚園でも、保育園でもビー玉活動が広がりました。そしてそれと同時に、なんと私の自宅に全国からビー玉が送られてきたのです。ビー玉にはこんなにもたくさんの種類があるのか……というくらい。

珍しいビー玉も送られてきました。ビー玉の周りに模様がついているものやストライプになっているビー玉。オーロラカラーのビー玉。子どもたちは大喜びでした。でも、子どもたちがこえを上げて喜んだのは、「光るビー玉」です。

その光るビー玉は、太陽にしばらく当ててから暗いところに持っていくと、ピカリと光りました。みんな、その光るビー玉がほしくてほしくて仕方がありません。

でも、送られてきた光るビー玉は10個。いつしか、その光るビー玉を手にした人は〝ヒーローになれる〟という伝説まで生まれます。

「ヒーローになれる、光るビー玉がほしい！」

「どうやったら、光るビー玉を手にすることができるだろう」

私は子どもたち全員に光るビー玉を手にするチャンスをあげたいと思い、じゃんけん大会をすることにしました。優勝者には光るビー玉が1個だけ与えられます。

子どもたちは必死でした。こんなにもじゃんけん大会が盛り上がったのは後にも先にもこの一度だけだと思います。じゃんけんで負けて、泣き出す子もいました。そんな中で順調に勝ち進んでいったのはマリちゃんです。

彼女はなんと、決勝まで残りました。そして、見事優勝したのです。

マリちゃんは本当に嬉しそうに、左手にビー玉をずっと握りしめ、手を洗うこともせず、ビー玉を大切に大切に持って帰ったのです。

次の日、私はマリちゃんのお母さんからお手紙をいただきました。

その頃、マリちゃんはまたアトピーの症状が出ていて、夜になると電気をつけて音楽をかけ、かゆみから気を紛《まぎ》らわせて寝ていたそうです。でも光るビー玉を持って帰ったその日、マリちゃんのお部屋を覗《のぞ》くと、早くから電気を消し、音楽もつけずに布団に入っていた、マリちゃんの姿があったんだとか。

お母さんが不思議に思って中に入ると、光るビー玉を布団の中で一生懸命に見ているマリちゃんの姿がありました。

「先生。マリに光るビー玉をありがとうございました」

と、お母さんの字で書かれたお手紙を私に渡すとき、マリちゃんはこう言いました。

「先生。マリはマリのことが好きだよ。マリがアトピーだったから、みんなマリのほっぺたをさすってくれた。それにみんな『マリちゃんがアトピーでもアトピーでなくても、マリのことが好きだ』って言ってくれた。

マリはアトピーでもアトピーでなくてもマリのことが好きだ」

マリちゃんの言葉を聞きながら、私はあふれそうになる涙を一生懸命にこらえながら、うん、うん、と聞いていました。

「先生。光るビー玉は本当に光ったよ。マリはヒーローになれる！　先生がマリをヒーローにしてくれた。だからお返しに、マリも先生をヒーローにする方法を考える！」

そう言って自分の席に戻っていくマリちゃんの背中があまりにも愛しくてたまらなかった。すると、次の瞬間、マリちゃんは振り返って言いました。

「でもね、先生。よ〜く考えたら、先生はもう私のヒーローだよ」

こらえていた涙がぼろっと、流れてしまいました。

第5章

いのちの授業

七夕の願いごと

カズキ君は、３年１組の人気者でした。

とにかく「ありがとう」とよく口にする子だったので、カズキ君のおかげで、教室はいつも「ありがとう」の言葉があふれていました。

やんちゃでしたが、どこか憎めないカズキ君のことを、みんな「カズくん、カズくん」と呼んで慕っていました。

でも、カズキ君には誰にも言っていない秘密がありました。それは、カズキ君のお父さんが、彼が小さい頃に交通事故で亡くなってしまったということでした。

梅雨のさなかの、６月下旬。

教室で七夕飾りの準備が始まりました。私はみんなに「１番のお願いごとを書いてきてね」と言って短冊を配ります。するとカズキ君の短冊には、

「お父さんが生き返りますように」

と書かれていました。

何も知らなかった私は、その願いごとを見て一瞬ドキリとしました。カズキ君の悲しみをふいに突きつけられたように思ったからです。

後日、家庭訪問の折に、カズキ君のお父さんがカズキ君が小さい頃に交通事故で亡くなったことをお母さんからうかがいました。私は、カズキ君に尋ねました。

「この短冊、教室に貼ってもいいの？」

何も知らないクラスの子どもたちが、お父さんのことをカズキ君に尋ねたりしたら、カズキ君が傷つくのではないかと少し心配だったのです。でもカズキ君は言いました。

「うん。これはぼくの1番のお願いごとだから」

そして、続けてこうも言いました。

「でも、いちばん上に貼って。天に近くなって、ぼくの願いごときっと叶うよ」

その言葉を聞いて、私は思わずこう口にしていました。

「叶えてあげるよ。先生がカズキ君のお願い叶えてあげる」

カズキ君は「本当に？」と興奮した表情を見せました。

亡くなったお父さんにもう一度逢いたい。もう一度つながりたい。そんな痛いほどのカズキ君の想いを私は放っておくことができなかったのです。

でも、やっぱり後になって、とんでもない約束をしてしまったと思いました。亡くなった方を生き返らせるなんて、魔法でもなければ無理な話です。

でも、私はカズキ君に伝えたい。

カズキ君の体の中に、カズキ君のお父さんのいのちが宿っているということを。

いのちは続いていく。

お父さん、お母さんからいのちをもらって、君たちがいる。たとえ、逢えなくなってもその体の中にはいのちがある。私はどうしてもカズキ君に伝えなければと思いました。

でも、小学3年生にもわかるように伝えるにはどうしたらいいだろう。

思いを巡らせていると、私の手元に、ぴったりの絵本『いのちのまつり　ヌチヌグスージ』（草場一壽作・平安座資尚絵・サンマーク出版刊）がありました。沖縄のお墓参りを題材に、ご先祖様たちとのいのちのつながりを教えてくれる絵本です。

「ぼくのご先祖さまって、1000人くらい」

「もっともっと、いるさぁ〜ね」

「じゃあ、100万人くらい？」

今度は思いきって言ってみました。

「どうだろうねぇ〜。ずっとずっと宇宙のはじまりから、いのちはつづいてきたからねぇ〜」

「オバァにわかるのは、数えきれないご先祖さまが誰ひとり欠けても、ぼうやは生まれてこなかった、と言うことさぁ〜

だから、ぼうやのいのちは、ご先祖さまのいのちでもあるわけさぁ〜ね」

（抜粋）


私はこの絵本を使って、「いのちの授業」ができないだろうかと考えました。作者の草場先生とは、同じ九州在住ということもあり、イベントなどで何度かお会いしたことがありました。そこで、思いきって草場先生にお願いをしてみたのです。

すると、先生から思いもよらないお申し出がありました。絵本を授業に使うことを了承いただいただけでなく、当時先生が製作していらっしゃった『いのちのまつり地球が教室』というドキュメンタリー映画の最初のシーンに、この「いのちの授業」の場面を使いたいので、自分も授業に参加したいとおっしゃったのです。

草場先生が教室に来てくださるのは、とてもありがたいと思いました。けれど、撮影は1回限り。カメラが回っている普段と違う空気の中で、子どもたちは緊張しないだろうか。その1回限りで私は伝えきることができるだろうか。カズキ君の体の中にお父さんのいのちをもう一度宿すことができるだろうか。

私は、撮影の前日まで、何度も何度も指導案や教材を作り替えました。けれど、どんなに準備を重ねても不安は消えません。最後は「どうか子どもたちに伝えることができますように」と、祈るしかありませんでした。

朝早くに教室へ行き、一人ひとりの机に手を置いて、祈りました。

「今日の1回の授業で、子どもたちに想いを伝えられますように」

雨の多い季節でした。雨が降ってしまうと、撮影中に雨音が入らないよう窓を閉めなくてはいけません。そんな蒸し暑い中で子どもたちは授業に集中してくれるだろうか。私は不安でなりませんでした。

けれど、授業が始まった途端、降り続いていた雨がやんだのです。そして、まるで私の不安を吹き飛ばすかのような心地よい風が吹いてきました。私は「この授業は、きっとうまくいく」と確信しました。

最初に絵本を朗読しました。子どもたちは一生懸命聞いてくれました。読み終えた後、カズキ君に前に出てきてもらいました。そして、手づくりの「いのちのベスト」を着せました。本の中に出てくるご先祖様がいっぱい描かれたページを拡大コピーして作ったベストです。

「カズキ君のお父さんは亡くなってしまったけど、カズキ君の体の中を見てみて。どうかな?」

カズキ君がベストの下のほうに描かれた男の人の絵を指さして言いました。

「お父さんがおる……」

カズキ君の中に、お父さんが生き返った瞬間でした。

ヨシアキ君の涙

クラスのみんなに感想用紙を渡して、感想を書いてもらいました。

「誰か、感想を発表してくれる人！」

子どもたちは「はい！」と、元気に手を挙げます。

「いのちはたくさんあるとわかりました」

「ご先祖様に感謝しようと思いました」

何人かの子どもたちに感想を言ってもらった後、「はい！」とひときわ大きなこえで身を乗り出して手を挙げた子の姿を見て、私は驚きました。

普段あまり発言しないヨシアキ君でした。

私をまっすぐ見つめて、ヨシアキ君は「はい！」と手を挙げ続けました。私は思わず「ヨシアキ君」と名前を呼んでいました。

ヨシアキ君は、立ち上がってこう言ったのです。

「ぼくのご先祖様の誰か一人欠けてもぼくは生まれなかったかもしれないし、お母さんに逢えなかったかもしれないし、ばあちゃんから好きって言ってもらえなかったかもしれない」

ヨシアキ君は、言いながら泣いていました。

ヨシアキ君の言葉に、教室中が静まり返りました。

ヨシアキ君は、ちゃんと自分で言葉を選んで、自分の気持ちを話していました。そんなヨシアキ君の姿を見たのは、私もはじめてのことでした。このときまた、教室に風が吹いたと思いました。

子どもたちが、次々に自分の言葉で感想を言いはじめたのです。

「先生、ばあちゃんこの間死んだけど、人が死んだらどこに行くの」

「この間お姉ちゃんがね、死にたいって言ったんだよ」

みんな、紙に書いた感想なんて、もう読んでいませんでした。心に浮かぶことをありのまま話してくれたのです。それは、私が作った指導案には全然書かれていない、指導案なんてはるかに超えた言葉たちでした。

私がいるから大丈夫

そして、最後にマリナちゃんが、意を決したように立ち上がって、カズキ君に向かって告げました。

「カズくんは、お父さんがいなくなってさみしいと思う。でも、先生も私もいるから大丈夫です」

マリナちゃんは、泣いていました。

「そうだね。みんなのいのちがカズキ君の中に入ってるね」

と、私はうなずきながら話しました。

実はいのちの授業の少し前のこと、マリナちゃんは友だちと言い合いになって、ついこんなことを言ってしまったそうです。

「そんなんやったら私死ぬよ！」

近くでそれを聞いていたカズキ君が言いました。

「そんなん言ったら、ぼくのお父さんと一緒でマリナちゃんとぼくは逢えなくなるよ」

クラスのみんなはカズキ君にお父さんがいないことを、七夕の短冊がかけられるより前にこのことがきっかけで知ることになりました。

「カズくんのお父さんおらんの？」

マリナちゃんが尋ねると

「そう。ぼくのお父さんは交通事故で亡くなったんだ」

マリナちゃんは「悲しいこと話させてごめんね、ごめんね」とカズキ君に何度も謝ったそうです。

マリナちゃんにとってこの授業は、決して他人事ではなかったのでしょう。「私もいるから大丈夫です」なんて、とっさに言える言葉ではありません。マリナちゃんは、カズキ君の悲しみを癒すにはどうしたらいいいか、この日までずっと考えてくれていたのだと思います。

実は私は「いのちの授業」の指導案をカズキ君のことだけ考えて作っていました。

事前に草場先生にその想いをお伝えしたら、

「誰か一人のために本気になってごらん。それは必ず周りに伝わるから」

とこえをかけてくださいました。それで私は迷うことなくカズキ君のことだけを考えて、この授業を作ることができました。

授業を終えたとき、私はそれが正しかったということを実感しました。

誰か一人のために本気になると、それは周りの子どもたちに必ず伝わる。

子どもたちが「いのちの授業」を通して受け取ってくれたメッセージは、私が考えていたよりもはるかに大きくて大切なメッセージだったのです。

この授業を通して、本当に多くのことを学んだのは私自身なのかもしれません。いのちのつながりを信じることは、前を向いて生きる力になる。大切なものを失った悲しみは、みんなと一緒に癒していくことができる。

カズキ君は、感想用紙にこう書いてくれました。

「いのちの授業は、まるでお父さんが生きているみたいだった」

お母さんはそのままでいいよ

その後、上映された映画『いのちのまつり 地球が教室』には、ヨシアキ君が自分の想いを発表している様子がしっかりと映っていました。ヨシアキ君が「その映画をお母さんに見せたい」と言うので、私は草場先生からいただいたDVDをヨシアキ君に貸してあげました。

次の日、そのDVDを返しにきたヨシアキ君に「ヨシアキ、どうやった？　お母さんと一緒に見た？」と尋ねると、

「うん。見たよ。でもね、この映画の中でぼくが泣いているところを見て、ぼくもやっぱり泣いてしまった」

と言いました。

「先生。横を見たらお母さんも泣きよった。そしてぼくに『ヨシアキ、お母さんに何か言いたいことがあるっちゃろ？』って言った」

ヨシアキ君はお母さんとおばあちゃんの3人暮らしです。仕事が忙しいお母さんは

どちらかというと子育てをおばあちゃんにまかせっきりで、そのことをお母さんはとても気にされていました。だからきっと、ヨシアキ君に、「お母さんに何か言いたいことがあるっちゃろ？」と聞いたのだと思います。私はヨシアキ君に、「ヨシアキ、なんて答えたの？」と質問しました。

ヨシアキ君の答えはこうです。

「『ぼくは何もないよ』って答えたよ」

私の胸はドキッとしました。

「ぼくはお母さんはお母さんのままでいいよ、って言ったよ」

私は続いたヨシアキ君の言葉に涙があふれて仕方ありませんでした。

ヨシアキ君はきっともっと、お母さんと一緒に過ごしたいと思っていたに違いありません。

お母さん、もっとぼくとお話しして。

お母さん、もっとぼくのほうを見て。

お母さん、もっとぼくを抱きしめて。
たくさんの想いがあったことでしょう。でもヨシアキ君がお母さんに伝えた言葉は、
「お母さんはお母さんのままでいいよ」
でした。

子どもたちには、お母さんたちの想いを抱きしめてしまう大きな力があります。

子どもたちはどの子もみんなお母さんが大好きです。

私たち教師がどんなにがんばっても、お母さんの力には負けてしまいます。子どもたちはみんな、お母さんに抱きしめてもらいたいと思っています。

「でも、先生。あのね、ぼく一つだけお母さんにお願いごとをしたんだよ。それは一緒に寝てって言ったんだ。そしたらお母さんは手をつないで寝てくれたよ」

嬉しいね。嬉しいね。

「お母さんはお母さんのままでいい」と言う子どもたち。

親御さんたちは子育てに迷われたら、「いのち」という視点で子どもを見てみてく

ださい。そうすれば思い出すはずです。

「生まれてきてくれてありがとう」

という言葉を。

心を受け取る力

このヨシアキ君の、お母さんへの言葉を思い出すたび、私自身、母にしてもらいたかったこと、そして娘たちにしてきたことを、振り返ります。

13歳で母を亡くした私は、もっともっと母と話をしたかった。だから娘たちとはたくさん話をしようと思ってきました。

とはいえ、私は教師という仕事が大好きでしたから〝母親〟としての時間を十分にかけられず、失格の部分もたくさんあります。でも、想いだけは伝えようと意識してきました。

なのでいつも手紙を書いて、お弁当包みの中に必ず入れました。励ましたり、謝ったり、笑ったり……のようなことを伝えてきたように思います。

ときどき、仕事と家庭の両立で悩まれるお母さんからご相談を受けることがあります。まったく両立できていない私がアドバイスできることなんてないのですが、あえて一つだけ私の実感をお話しさせていただくなら、それは子どもたちの「心を受け取る力」についてです。

子どもたちはみんな、この力に長《た》けています。

親子関係の中では、子どものほうが、よりこちらの気持ちを汲《く》み取ってくれる。この力はもしかしたら神様が子どもに授けてくれたギフトなのかもしれません。ですから、私たち親はその力を信じて、愛情を伝え続ければいいのです。伝え続ければ、親が驚くほどに、子どもはそれを感じ取ってくれます。

いまは働いていらっしゃるお母さんも多いので、親子で一緒に過ごす時間は少ないかもしれません。でも、大切なのは、長い時間一緒にいることではない。

子どもはただ、親から愛してもらいたいのです。親からの愛情を感じていたいのです。「愛している」「大好きだよ」なんて、恥ずかしくて言えないという方も多いと思います。私も娘たちに面と向かって言えない時期もありました。

でも、伝えることから逃げなかった。あまり一緒にいることのできない私には、それしかできないという想いがあったからです。

先日長女から手紙をもらいました。そこにはこう書かれていました。

「お母さん
お母さんは自分が母親失格だと思っているかもしれないけれど、
もうそんな自分を許してあげてもいいと思います。
お母さんはお母さんの人生を歩んでいってください。
それが私たちの願いです」

もし、ご自分を責めるお母様がいらっしゃるなら、どうぞ、ご自分を許してあげてください。そして、いまからでも遅くありません。
「あなたのことが大好きよ。愛しているよ」
と、我が子に伝えて、抱きしめてあげてください。それだけで、十分なのですから。

いのちは生き続ける

カズキ君は「いのちの授業」の後、変わっていきました。

それまで一言もお母さんにお父さんのことを聞いたりはしなかったのに、お母さんにたくさんお父さんのことを聞きはじめました。

「お母さん、お父さんはぼくのことをなんて呼んでたの？」

「お母さん、お父さんはぼくと何をして遊んでくれた？」

「お母さん、お父さんはぼくを抱きしめてくれた？」

自分の体の中に父親のいのちがあるとわかった瞬間、カズキ君は自分のいのちのこと、お父さんのことを、もっと知りたいと思いました。

自分のいのちのことを守りたいと思い、そして、自分のいのちのことを愛しいと思ったのです。

お母さんは「いのちの授業」の後、私のところにいらっしゃって、こう言われました。

「この頃、カズキは何かぶつぶつ言いながら遊んでいます。よーく聞いてみると『お父さん、これはぼくが好きな遊びなんだよ。お父さんも一緒にやろう‼』と自分に向かって話をしているのです。

自分のいのちの中にいる父親に向かって話をしているのでしょう。

これからカズキは父親のいのちと一緒に生きていくんだと思います」

私は子どもたちにいのちの授業をしました。でも、私は子どもたちからたくさんいのちの授業をしてもらいました。

カズキ君のお父さんと、お母さんと、カズキ君のいのちがつながって生きていく。

私の父と母と、私と、そして娘たちのいのち。――それから、さやかのいのち。

いのちを愛おしいと感じる想いが、新しいいのちへとつながり、新しいいのちを守っていくことを、ただただ祈ります。

第6章

学校に行こう

その話は誰かの力になる

ここまで、さまざまな子どもたちのエピソードを綴ってきました。読者の方の中には、私が教師然とした教師だと思われた方もいらっしゃるかもしれません。

しかし、本当の私はまったくの逆で、抜けていることがとても多いのです。

遠足に行けば乗るバスを間違えてしまったり、走り高とびの見本を見せようとしてつまずいてマットとマットの間に顔を挟んだり、家庭科の洗濯の授業でホースを排水口にさすのを忘れて家庭科室を泡だらけにしたり……。たくさん失敗をしました。

けれど子どもたちはこんな私を丸ごと受け止めてくれました。

「おっちょこちょいで泣き虫で、怒ると怖くて、でもよく笑う」

こんな私をそのまま包み込んでくれたように思います。

そんな私に、もし神様がたった一つだけ才能を与えてくださったとするなら……それは、たとえどんな子どもでも、担任をするとその子のことを大好きになってしまうという才能だと思っています。

どんなに憎たらしいことを言っても、どんなにやんちゃでも、かわいくて、愛しくてたまらなくなります。

そんな私は教室の中で起こるドラマのような出来事に、よく涙します。子どもたちの純粋な行動や言葉に胸打たれるからです。

いまから3年前。当時、私が2年生の担任をしていたとき、クラスの中に元気者のじゅん君がいました。じゅん君は、いつも教室の中を走り回ります。私は、じゅん君が走るたびに「走ってはいけません！」と注意し、とくに給食時間中は危ないので、くり返し走らないようにと口にしていました。

それなのに、その日、またじゅん君が給食時間中に走り回り、私から「そんなに暴れるなら給食を食べないで走り回っていていいよ!!」と怒られ、エーンと泣き出しました。それを見ていた周囲の子どもたちが、

「じゅん君だけ食べられないのはかわいそうだ。ぼくたちも一緒に食べないよ」

と、優しいことを言ってくれたこともありました。その言葉を聞いて、じゅん君はまた泣き出します。

「じゅん君、また泣いてるの？」と私が聞くと、「違うよ、先生。さっきのは怒られて悲しい涙。今度はみんなが優しくて嬉しい涙」と言って、またエーンと泣きます。

「じゅん君。先生にはどっちも同じ涙のように思えるんだけど……」と言うと、

「先生。悲しい涙と嬉しい涙。味が違うんだよー」

との返事。私はびっくりでした。そして、なるほどと感心してしまいます。

子どもたちは大人が忘れかけている何かを思い出させてくれるのです。そんな感動に出逢うたび、私は大人たちに「聞いて聞いて。子どもがね……」と話をしていました。

私にとって子どもたちは〝学びの人〟だったのです。私の忘れていた何かを思い出させてくれる、ありがたい存在でした。

毎日、こんな子どもたちに触れている私は、２００８年、出逢った子どもたちの素敵な物語をたくさんの人に伝える機会をいただきます。

そのきっかけをくださったのが、先にご紹介した「キラキラ朝礼」の元となった朝

礼を生み出された、居酒屋「てっぺん」の代表・大嶋啓介さんと、全国を飛び回る講演家の中村文昭さん。お二人が「先生たちを元気にしよう！」と2008年に立ち上げられた「先生見本市!!」（現「あこがれ先生プロジェクト!!」）の第1回目の講師として登壇させていただくことになったのです。

はじまりは、私の属していたボランティア活動のグループが中村さんの講演を主催し、その後の懇親会で中村さんとお話しさせていただいたことでした。

「学校の先生は、大変やろ？」と言う中村さんに、「いいえ。とても楽しいです！」と答えると、「どうしてそう思うの？」と中村さん。私はここで、大好きな子どもたちの話をたくさんしました。

話し終えてふと見ると、中村さんがポロポロと涙を流し、

「真由美さん。あなたに決めたよ」

とおっしゃいました。

このとき、中村さんは「先生見本市!!」に登壇する先生を探していらっしゃったそうです。そんなことなどまったく知らない私は、ただただ驚くばかりでした。

あんなに「みんなに伝えたい」と思っておきながら、講師として決まるとあまりに緊張してプレッシャーを感じ、私はなんと頭に大きな円形脱毛を発症してしまうほどでした。300人を超える人たちの前で話をする……。前の日は一睡もできず、本番を迎えました。

教師なので、人の前で話をする機会はたくさんあります。でも、相手は普段からよく知っている子どもたちです。

その日、会場には大きなホールいっぱいの人、人、人。それも知らない人ばかり。私の話など、聞いてくれる人はいるのだろうか。私は途中で話の内容を忘れてしまわないだろうか。

自分の胸の鼓動《こどう》が聞こえてくるかのように私は緊張し、逃げ出したくなってきます。

この緊張にはもう一つ、理由がありました。

この「先生見本市!!」が決まってからの、福岡での打ち合わせ。登壇される中村さんが、私が当日、どんな内容の話をするのか確認に来られました。

そのとき、中村さんがふいに、

「真由美さん。真由美さんが子どもたちをそんなふうに見ていけるようになったきっかけというか、ターニングポイントみたいなことってあったん？」

と、聞いてこられたのです。

私はそこで、さやかの話をしました。この頃はまだ、数人にしかさやかのことを打ち明けてはいませんでした。すると中村さんは、

「その話をせんといかん。さやかちゃんのその話はせんといかんよ」

と言われたのです。私は、「それは……できません。さやかの話はできません」とお断りしました。けれど、中村さんは、

「きっと、その話は誰かの力になる。そして、さやかちゃんも、真由美さんが話すことで、もう一度生きることになる」

とおっしゃいました。

心の中に「さやかがもう一度生きることになる」という言葉がスーッと入ってきて、私は、さやかの話をすることを決めました。

口の中はカラカラに渇いていました。そんな緊張のまま、私の番が訪れます。

「それでは紹介映像から、ご覧ください」

司会の方の進行で、壇上には私が見たこともない紹介映像が流れていました。それは、私の知らないところで私の教え子たちにインタビューしたものでした。

「先生はドジでよく失敗ばかりしてましたー」

「先生は方向音痴で遠足のときに全然違うところに連れていかれましたー」

「でも、先生はぼくたちのことをいつも信じてくれて〝たとえあんたたちが犯罪者になっても先生は信じるよ〟って言ってくれました」


私が覚えていないような話まで口にしている子どもたちの姿を見ていたら、

（私はなんのためにこの場に来ているの？）

と、ふと思えました。

私と出逢ったあの子たちのことを伝えてこよう。

さやかが命をかけて、私に教えてくれたことを伝えてこよう。

ただただ、この子たちの素晴らしさを伝えてこよう。

〝子どもたちの光るこえを伝えていこう〟

そう思えたのです。

あとはほとんど覚えていません。緊張と戦いながら、夢中で話しました。気づいたときにはたくさんの拍手をいただいていました。

話が終わってぼう然となっているところへ、中村さんがやってきてくださって、

「真由美さん、とんでもないことをしたなぁ。あなたはこれから忙しくなる。福岡に帰ったら、お気に入りのスーツケースを買いなさい」

と言ってくださいました。

私は何がなんだかわからず、それでも福岡に戻ってピンク色の花柄のスーツケースを買いました。

その「見本市」から、私の講演の話が広がっていきました。そして年々講演の数が増えていき、たくさんの人と出逢うようになっていきます。数多くの縁が広がっていきました。ドキュメンタリー映画にもこえをかけてもらいました。何かに背中を押さ

れるように、挑戦し続けたように思えます。

月曜日から金曜日は学校で仕事をして、土、日、全国各所で講演をしていくことは、体力と気力がいることでした。休む暇もほとんどありません。でも、これは、私の使命だと思いました。〝子どもたちの光るこえ〟が聞こえた私は、それをたくさんの人たちへ伝えていく、子どもたちが心の中で思っていること、願っていることを、ただただ、必要とする人たちに伝えていく。この使命を忘れてはいけないと思うようになりました。

私のベクトルはいつも〝子どもたち〟です。〝子どもたちの光るこえ〟です。それは、この長い間、私のことを支え守ってくれた、たくさんの子どもたちへの恩返しです。

母は私に教師になるきっかけを与えてくれました。そして父は私に「いい先生にはならなくていい」と、教えてくれました。それは父の最期の言葉でした。

「まみ。いい先生にならんでいいんだぞ。まみにしかなれない先生になりなさい。まみならそれができるから」

亡くなっていく最期の最期まで、私に「できる」ということを教えてくれた、大好きな大好きな父。

私にしかなれない先生。

不器用で、失敗ばかりする先生だけど、〝子どもたちの光るこえ〟だけは聞いていられる先生になろうと、そのことを多くの人たちに伝えていこうと、私は心に決めたのです。

しかし、多くの人に伝えていこうと決めたことで、この後、思いもよらない嵐の渦の中に、私は巻き込まれていくことになりました。

嵐の中で

子どもたちと一緒につくり上げていった「キラキラ朝礼」。この朝礼に関して、ある日嬉しいニュースが飛び込んできました。それは、この朝礼のもとになった朝礼を実践されている居酒屋「てっぺん」の代表・大嶋啓介さんが、私たちのクラスに「キラキラ朝礼」を見にきてくれるというニュースでした。

大嶋さんは、ワクワクしているようなとびきりの笑顔で、教室に入ってこられました。「朝礼」が子どもたちの世界でどんなふうになっていくんだろうと、まるで子どものように興味を示され、子どもたちは大喜びで、そんな大嶋さんの前で自信を持って朝礼を見せてくれました。大嶋さんも心から喜んでくださって、「本当に素敵な子どもたちを見た！」とキラキラ朝礼の動画をブログで紹介してくださいました。

それをご覧になった人たちが次々にシェアをしてくださり、人から人へと拡散され続けたこの動画は、途中から一人歩きをしていくようになりました。

そのときには、事実とはまったく異なるコメントが添えられるようになります。

校長先生から「大変なことになっている」と校長室に呼ばれたときには、なんのことなのかまったくわかりませんでした。確認すると、その動画投稿サイトには、私と子どもたちの朝礼の、ある部分だけが切り取られて投稿されていて、「洗脳教育だ」「宗教だ」「子どもたちの心を置き去りにして無理にやらせている」……といったような、読んでいて胸が痛くなるようなコメントがたくさん書かれていました。とても、私とクラスの子どもたちと一緒につくり上げてきた「キラキラ朝礼」のことを言っているとは信じられないものばかりでした。

けれど、そうしたコメントの数は日に日に増えていき、学校への問い合わせも増え、とうとう弁護士の方に相談しなければいけない騒ぎにまで発展していきました。そして私は教育委員会から事情聴取を受け、しばらくの間は講演活動などの個人行動を禁止されてしまったのです。

何かとても恐ろしいことが、自分の理解も心も追いつかないうちに起きていると感じました。突風に吹き飛ばされて、見たこともない遠い場所へ来てしまったかのような、そんな気分でした。

その頃、大嶋さんが私のことを心配して、福岡までいらっしゃいました。会社に脅迫まがいの電話がかかってくるようになり、大嶋さん自身も大変な思いをされている頃でした。大嶋さんはこんな騒ぎが起きてしまったことにとても責任を感じていらっしゃって、

「ぼくは、どこにでも出ていく。どこにでも頭を下げるから」

と何度もおっしゃいました。

大嶋さんの優しさに勇気をいただきながらも、私は内心では怖くて仕方がありませんでした。

これからどうなっていくのだろう。不安でいっぱいになり、強い向かい風が吹いてくるのを感じました。

学校への非難の電話も多くなっていきました。テレビ局や新聞社などの報道関係からの電話も増えました。その頃にはもう、40万人の人たちに「キラキラ朝礼」の動画が視聴され、たくさんの誹謗中傷《ひぼうちゅうしょう》を受けました。そしてこのことはついに、ポータルサイトのトップニュースにまでなってしまったのです。

学校に行けばたくさんの電話が鳴りました。毎日のように教育委員会の方々から事情聴取を受けました。その間もネット視聴の数はどんどん増えていきます。私の心はつぶれそうになっていきました。

街を歩いていてもみんなが私を見て指さしているかのように思えます。誰かが跡をつけているかのようにも思えました。ごはんを食べられなくなりました。眠れなくなりました。家のチャイムが鳴るとテレビ局や新聞社だと感じ、怖くなり、トイレに隠れてしまうようになっていきました。

ずっと誰かに見張られているように思えてしまった私はとうとう熱を出し、学校に行くことができなくなりました。

そんなとき、校長先生から電話がありました。

「香葉村先生、大丈夫ですか？　熱が下がったら学校に来てください。あの子たちは待ってますよ。

自分たちでキラキラ朝礼をして待っていますよ」

その言葉で、私はたましいが撃ち抜かれたように感じました。

「あの子たちは、自分たちで朝礼をやっているんだ……」

体中が震え、私は自分に話しかけました。

私はなんのために、あの子たちと朝礼をやろうと思ったんだったかな……。

「あの子たちに自信をつけてあげたかった」

「あの子たちに自分のことを大好きになってもらいたかった」

「あの子たちにたくさんの夢を語ってもらいたかった」

そんな私の想いを、あの子たちはみんな全身で受け止めてくれた。

キラキラと笑い合った朝礼。

それなのに、どうして私は、朝礼をやめようとしているの？

私の大切なものは何？


——学校に行こう。

——学校に行こう!!

あの子たちが待っている学校へ！


次の日、学校へ行くと、子どもたちはみんな門のところで私を待っていてくれました。

「先生が今日学校に来ること、知っていたの？」

「ううん。知らなかったよ。でもぼくたちは、先生が学校を休んだ次の日からずーっと毎朝、ここで待っていたんだ」

涙がポロポロと出てきました。

「先生。ぼくたちの朝礼、たくさんの人たちが見てくれたんでしょ」

そして、

「ぼくたちってすごいよね」

そう、子どもたちは言ったのです。

ネットにたくさんの誹謗中傷が書かれているのを知っているのに。あの子たちは私に「ぼくたちってすごいよね」と言って、キラキラと笑ったのです。

「先生。朝礼やろう!!　みんなでキラキラ朝礼をやろう!!」

私はもう涙が止まらず、顔を手で覆ってたくさん泣きました。

私は何を怖がっているの？　何を不安に思っているの？　どこを見ているの？

この子たちはどんな言葉より、たった一人の私を信じてくれた。

私が守るのはこの子たち。私がふらふらしていてどうするの!!

私の中の覚悟が決まった瞬間でした。

内心では怖くて仕方がありませんでした。もしかしたら、もう教師を続けていけなくなるかもしれない。何より、今回の騒動で子どもたちを傷つけてしまったのではないか。その不安で押しつぶされそうでした。

大嶋さんも同じだったと思います。決して、大逆転への道筋が見えていたわけではない。けれど、「自分たちのやってきたことが本物だったら、きっとわかってくれる人がいるから」と、なんとか自分を奮い立たせようとしていました。

真っ暗な嵐の中でも、私たちは光を忘れたくなかったのです。

私はその日、新しいノートに震える手で「大逆転までの軌跡」と記しました。

守ってくれた人

風向きが変わろうとした頃、第2波がやってきました。「キラキラ朝礼」のニュースが全国の新聞に掲載されたのです。もちろん否定的な記事でした。

その日は鹿児島大学の教育学部の生徒さんたちにお話をしに行く日でした。この頃の私はまだ講演活動をストップされ、決まっていた講演をすべてキャンセルさせていただいていたのですが、この、将来先生になりたいと願う教育学部の生徒たちだけにはどうしても想いを告げたいと考え、学校にも相談をしてこの講演だけは行くことにしました。

その講演の日に合わせたかのように掲載された新聞記事。私はちゃんと話せるのだろうか……と、少し不安になりました。

「真由美先生。時間です」

返事をして教育学部の教室のドアを開けた瞬間、そこには生徒以外にも、全国から私を応援してくれる方々が集まっていらっしゃいました。

中にはキャンセルさせていただいた講演会の関係者の姿も見えます。

嬉しくて、ありがたくて、たくさん泣きました。

この一件で、私は自分を何度も否定することになりました。でも、それ以上に〝感謝〟もさせてもらえました。私がいまここにいるのは、このとき私を支えてくれた人たちのおかげです。もしこの人たちがいてくださらなかったら、私は教師の仕事を悲しみの中で辞めていたかもしれません。

そして何より、一緒に朝礼をしてくれた2年1組の子どもたち。

本当にありがとう。

先生のこと、信じてくれてありがとう。

風が変わる

鹿児島大学での講演を終えてすぐ、私はクラスの子どもたちのお宅を一軒一軒、お詫びして回りました。これほどの騒ぎになったのに、保護者の方から今回の件に関してのクレームや問い合わせは一切ありませんでした。それでも、私はお子さんたちの姿がこんな形でネットにさらされてしまったことを保護者の方にずっとお詫びしたいと思っていました。事情を話すと、校長先生も一緒についてきてくださいました。

さとる君のお宅にもうかがいました。

玄関に出てこられたのは、さとる君のおばあちゃんです。

「ばあちゃん、私、大変なことを……」

私が言いかけると、おばあちゃんは私の手を取り「おいで」と言って近くの公園までひっぱっていきました。そして黙って一緒に公園を散歩してくれたのです。

しばらく歩くと、おばあちゃんは校長先生のほうを振り返って、頭を深々と下げました。そして、こう言ってくれました。

「香葉村先生を守ったってください……」

涙があふれて止まりませんでした。

その後、おうかがいした保護者の方々も、誰一人として私を責めませんでした。

「あれは、子どもたちが自主的にやっているんですよ」

「香葉村先生、こんなところであきらめたらだめです」

「あの朝礼のおかげでみんな変わったんですよ。ずっと見てきたからわかります」

温かい励ましがありがたくてありがたくて……、私は何も言えないでただ泣いていているばかりでした。

すべてのお宅を回り、遅くに学校に帰ると、机の上には花やお菓子や手紙が置いてありました。すべて、同じ学校の先生方からのものでした。

地域の方も「キラキラ朝礼」を見ていただいたことがあるためか、「校長先生。なんとか香葉村先生を守っていこう」と言ってくださいました。

私はもう、ありがたくてたまりませんでした。

自分の中で覚悟が決まったとき、風が変わりました。それまで非難の電話ばかりだったのが、励ましの電話もかかってくるようになりました。そして、全国から署名も集まり、お花もたくさん送られてきました。

私のもとを離れていく人もたくさんいましたが、いっぽうで全国の仲間たちが「倒れるなよ」「つぶれるなよ」と、電話やメールをたくさんくれることになりました。

この本の依頼が出版社からあったのもこの頃のこと。一連の流れを知った編集者の方からのものでした。

第7章

こえを聞き、光を見せる

満天の星

真っ暗なトンネルの中で一筋の光を見つけることができたとき、人はその光に向かって一生懸命に走り出せることでしょう。

私も人生において何度も暗闇に放り出され、必死にもがいて光を探しました。誰かが光を投じてくれることを願いました。

でも、光は自分で見つけるものでした。

「キラキラ朝礼」騒動の渦中《かちゅう》で、「大変なことに巻き込まれてしまった」という意識が私にはあったのだと思います。でも、あるとき、「自分にも悪いところがあったに違いない」と思えるようになっていきました。

それからは、苦情や誹謗中傷を真摯《しんし》に受け止めようと考え直し、このことを深く反省し、糧にしようと決めました。

気を抜くと心が折れる、そう思った私は、衛藤信之先生の説かれる、日本メンタルヘルス協会の心理学を学びはじめました。授業がある日は学校が終わってから急いで会場のある博多まで行き、夜の10時、11時まで勉強しました。

授業の中でどんな出来事も自分の解釈次第だと教わった私は、自分が変わらないと何も変わらない、つまりは自分が変わっていけばすべてが変わっていく、ということに気づいていきます。

私にとって衛藤先生の心理学は、暗闇の中の一筋の光となりました。

すると、自分を包んでいたたくさんの光に気づきました。仲間という光、娘たちの光。そしてもちろん、生徒たちの光。

暗闇だと思っていた空には、満天の星が輝いていたのです。

朝礼の一件は、私を少しだけ成長させてくれました。人が成長するのは感謝にあふれているときなのだと、いまの私はそう思います。

あなたの光に向かって

子どもたちの担任になると、私は一人ひとりの子どもたちをじっくり見つめます。

それは、表面的なことだけでなく、心の中まで。子どもたちの心のこえを聞きたいと願うのです。

そして、そのこえが聞こえてきたとき、一人ひとりの子どもたちが本来持っている、光を見せてあげたくなる。その光は一人ひとり異なる輝きです。

子どもたちと対話を重ねれば、子どもたちの中にも「こうなりたい自分」があることに気づきます。そんな自分、未来の自分を光の存在として見せたいのです。


7年前の4年生にカズ君という子がいました。

彼はいつも自分の思いが先に立ち、周りの子どもたちの気持ちを考えてあげられる余裕がなかなかありませんでした。

カズ君はゆみちゃんのことが大好きで、大好きだからかまってほしくて、いつもゆみちゃんを叩いたり、髪の毛をひっぱったりしていました。

私はそんなカズ君に、さまざまな場面で〝してはいけないこと〟を叱り、「どんなカズ君になっていきたいか」について話し合いをしました。

「ぼくはお友だちの気持ちがわかるようになりたい」

カズ君はいつもそう言いました。私はカズ君に、

「カズ君がお友だちの気持ちがわかるようになるために、未来の自分を想像してみよう。カズ君は、きっとお友だちの気持ちがわかってあげられる人になるよ」

こうして、どんな自分になりたいのか、目指す自分の姿を一人ひとりに想像させました。

暗闇の中を歩いていくのは怖いことです。でも、その暗闇の中に光があったのなら、人は、その光に向かって歩いていける。光から道が外れたら、こっちだよ！ と教えてあげられる。子どもたちが道に迷わぬよう、なりたい自分の、そして、本来その子が持っている、その光を、常に子どもたちがイメージできるようにしました。

それでもカズ君はカッとなると、まったく光を見なくなります。そしてお友だちにいじわるをしたり、お友だちを叩いたりします。そんなあるとき、カズ君が転校することがわかりました。

お別れ会を開き、カズ君とさよならをする日です。

「先生‼」という大きなこえがしました。いつもカズ君からいじわるをされた、ゆみちゃんのこえでした。

ゆみちゃんはカズ君に近づいていって、

「カズ君、いままでありがとう。カズ君は学校が変わっても私たちの仲間だよ」

と言うと、クラスの一人ひとりの写真とカズ君へのメッセージが書いてある写真集のようなものを渡したのです。

これには、私もカズ君もびっくりでした。

カズ君は写真集を１ページずつめくり、そこに書かれた言葉を一生懸命に読んでいました。

しばらくすると、カズ君の目からポロポロと涙がこぼれはじめました。

するとカズ君は、

「あれ？　あれ？　先生。これは何？　目から出てるものは何？」

「ぼくはどこも痛くないのにぼくの目から涙がこぼれるよ」

と言うと、その手で涙をふいてはその涙をじっと見つめていました。

私がカズ君に、「カズ君。人はね、嬉しいときにも涙が出るんだよ」と伝えると、カズ君は流れる涙をそのままにして、私の顔を見ました。

「ぼくは嬉しいの？」

「うん、カズ君はお友だちの気持ちが嬉しかったんだね」

「先生。ぼくはお友だちの気持ちがわかったの？」

「うん。カズ君の心はちゃんと、お友だちの気持ちがわかるんだよ。心が感じたから涙が出てきたんだよ」

カズ君は、「そっか、そっか」と言って、また泣きました。


頭で考えて〝泣こう〟と思ったのではなく、心が感じ、流れ出た涙。お友だちの気持ちがわかることができた自分にも嬉しかったのでしょう。光を見つけることができたカズ君は、その日から変わっていったと、後日お母さんからうかがいました。

タケル君の忘れもの

タケル君と私との出逢いは、彼が小学校2年生のとき。

寒い冬に真っ暗な廊下を向こうから歩いてきた、一人の少年がいました。

でも、彼が私に近づいたとき、私はびっくりしたのです。

タケル君の顔の左半分は、ボクサーのようにはれていて紫色でした。

すぐに、殴られたんだなとわかりました。

それが、タケル君と私の出逢いでした。


「タケル君」とこえをかけると、「なん?」と私の目を見ずに彼は言いました。

「その顔。どうしたの?」と言うと、しばらく黙ってから、「こけたんだ」と言いました。

転んだわけではないことは、すぐにわかりました。でも、私はだまされることにしました。

彼は、学校で誰もが知っている男の子でした。

1年生のときから金髪のパンチパーマ。スリッパを履いて学校へ来ました。授業は受けない。ケンカばかり。わめく。暴れる。でも、そんなことがあった次の日、彼の顔は必ず紫色になっていました。

私は、そんな金髪のタケル君を、3年生のときに担任します。

相変わらず、ケンカをよくしていました。

ある日、クラスのおとなしい男の子の腰を後ろから思いっきり蹴っている彼の姿を見た私は、瞬間、彼を引っ捕まえて投げ飛ばしました。

彼は、私を下からにらみつけて「なんでこんなことをする！」と怒鳴りました。

「タケル。なんでそんな卑怯な真似をする！　なんで弱い者いじめをする！　先生は、タケルのことが好きだから、許さん！　なんで後ろから蹴ったりすると？　ケンカはしてもいい。でも、真っ正面からやりなさい。言いたいことがあったら、堂々と言いなさい」

と、一気に言った後に、

「タケル！　先生は、あなたがどんなに悪いことをしても、決してお父さんには言わない。だから、先生とタケルと二人で、タケルの弱いとこ、なおしていこ！」

と伝えました。

見ると、タケルの目に、いっぱいの涙がたまっていました。

「先生はぼくのこと、お父さんに言わない？」

彼は聞きました。「言わない。タケルと先生の約束だ！」と答えると、彼はこえをあげて泣き出したのです。

次の日、彼は金髪のパンチパーマを坊主にしてきました。

みんなびっくりしました。そこには、恥ずかしそうに笑っているタケルの姿がありました。彼は、その日から変わっていきました。

その頃、私のクラスではランチョンマットとお箸の給食セットを忘れると、私の肩もみ１００回というルールになっていました。子どもたちは、給食セットを忘れないように必死でした。そんな中、タケルは毎日給食セットを忘れました。

「はい。タケル。肩もみ、１００回！」

私がそう言うと、タケルは「しょうがないなぁ」という顔をして、私の肩もみをしてくれました。

その時間は、私とタケルのお話の時間になっていきました。

タケルは毎日給食セットを忘れます。なので、毎日二人で話をしました。

タケルの好きなゲームの話から始まり、タケルはいろんなことを話してくれるようになりました。

「先生。ぼくが2年生のとき、廊下で会ったよね。あのとき、ぼくの顔、はれていたよね……ぼくは、こけたんだって言った。でも、あれはうそだったんだよ」

「そっか。そっか」

タケル……そんなことは、もうとっくの昔にわかっていたこと。でもやっと、そのことを先生に話してくれるようになったんだね。

その次の日、また肩もみの時間にこう言います。

「先生。お父さん、ぼくが悪いことをしたら、怖いんだ。ぼくは殴られる。でも、お父さんが悪いわけじゃないよ。ぼくがお父さんを怒らせるようなことをしてしまうから」

子どもたちはみんな一生懸命に親を守ります。その姿がたまらなく愛おしくて、私は思わず彼らを抱きしめてしまいます。


ある日、タケルのお母さんが学校にいらっしゃったので、私はお母さんに、

「お母さん。タケル君は毎日、給食セットを忘れていますよ」

と伝えました。すると、タケルのお母さんは、

「先生。おかしいですね。私は毎日給食セットをタケルのランドセルの中に入れていますよ」

とおっしゃるのです。

タケルは、私に自分のこえを聞いてほしかったのです。

次の日も、タケルは給食セットを忘れて、私の肩もみをしています。

「先生。お父さんね。怒ると怖いんだよ。この間もね……」

そのこえをさえぎるように、私はタケルに、

「タケル。いやなときは、いやって言うんだよ。やめてほしいときは、やめて！　って言うんだよ。タケルは、叩かれてもいいような存在じゃないんだから」

そう言いながら、ぐっと目を見つめました。

タケルはハッとした顔をして、しばらく黙ってから、「わかった。先生」と、にっこり笑いました。

タケルは、耳に実際に聞こえてくるこえだけでなく、その子の「心のこえ」を聞くことの大切さを私に教えてくれた子です。

助けてくれた人

私はさやかを亡くして、いちばん辛かった頃のやせこけた自分の顔写真を、いまも自宅の鏡のそばに貼っています。

どうしてそんな辛い時期の写真を貼っているのか不思議に思う人もいるかもしれません。でも、その顔写真は笑っているのです。

私は思います。このときのあなたが、こらえて、笑っていてくれたからいまの私がある。本当にありがとう、と。

あの、絶望に打ちひしがれていた頃、娘たちの世話をしてくれていた幼なじみがいます。

彼女の名前はちーちゃんです。

13歳のとき母が亡くなって、私は大阪から福岡に転校しました。転校した先は、福岡でも有名な荒れた中学校でした。

びっくりしたのは、女子の制服のスカートがすごく長くて、カバンがぺっちゃんこだったこと。大阪の私の制服は、福岡の制服と比べるとミニスカートみたい。そして、私のカバンは3倍くらいも太かったのです。

もともと明るかった私は、制服がミニスカートであろうと、カバンが大きかろうと、おかまいなし。大阪弁丸出しで、どんどん話しかけていきました。福岡のみんなが、「なんしようとー？」と話している中で、「何してんねん。あかんやろ！」などど、まくしたてるわけですから、すぐに注目を浴びてしまいます。

「あの転校生は生意気だ！」と言われたこともありました。それでも、そんなことはまったく気にせず大阪弁で話しかけていく私の周りには、いつからか、たくさんの人たちが集まるようになっていきました。

ある日の給食の時間。その日のメニューはシチューでした。

ちーちゃんがシチューを食べていて「あっ！」とこえを上げました。隣に座っていた私は「どうしたん？」と聞きました。

ちーちゃんが見せてくれたシチューの中、そこには小さい釘がいっぱい入っていました。そして、周りの人たちはクスクスと笑っていたのです。

私は「誰が入れたん？」と叫びます。けれども、誰も返事をしません。クスクスと笑っているのです。

私は頭にきて、先生のところにこのシチューを持っていき、「先生。給食の中に、釘が入っています！」と報告しました。

すると、その先生は「見間違いでしょう」と取り合わなかったのです。

「何を言っているんですか。見てください。このシチューの中を！」

と言っても、先生は知らんぷりで給食を食べていました。

私がびっくりして先生に何かを言おうとしたとき、ちーちゃんが私の服をひっぱりました。

「真由美ちゃん。やめて。いつもだから。気にせんで。大丈夫だから」

と言いながら。

私はそれでも気がおさまらずに、「ちーちゃんのお父さんとお母さんに言おう！」

と提案したのですが、ちーちゃんは「心配かけたくない」と目に涙を浮かべました。

彼女は、クラスの中でいじめを受けていたのです。


ちーちゃんは、「美化委員」という名のもと、毎日一人で掃除道具入れの中を片づけさせられていました。私が手伝おうとすると、「真由美ちゃんもいじめられるから、やめておいたほうがいいよ」と口にします。

私は、このいじめを動かしている陰のリーダーを見つけることにしました。

クラスメートの動きをチェックし、聞き込みを始めます。そしてあるとき、その人物に気づいたのです。

目に見えてわかりやすいいじわるをしていた二人もいましたが、彼女たちは踊らされているだけ。陰のリーダーは、成績のよい、先生からも頼りにされている学級委員の女の子でした。

私は、作戦を考えました。

ある日の放課後。その陰のリーダーとちーちゃん以外のクラスメート全員を、教室に残ってもらうようにしました。

そこで、大阪弁でまくしたてたのです。

「あんたらが、ちーちゃんにしてることは、みんな知ってる。何人かから、やった内容も聞いた。あんたらのしてることは、いじめや！　いじめは犯罪や。証拠もある。あんたらのしてることを、あんたらの親にもばらす！　全校生徒にもばらすから！」

高校受験も控えている面々。ばらされては困ります。いじめに加担したメンバーは口々に「やらされていただけだよ」だとか「私は、やりたくないと言った」だとか、ブツブツと言い訳していました。

そこで、「もう、絶対にやらないというのなら、一つ。私の言うとおりにして！」と、ある提案をしたのです。

次の日、委員決めがありました。委員決めは、みんなの投票で決めるもの。そのうちに美化委員決めがやってきました。

いつもはここで、ちーちゃんの名前がたくさん出され、ちーちゃんは美化委員となっていたのですが、今回の投票は違っていました。

「山下さん」
「山下さん」
「山下さん」

優等生の学級委員の女の子の名前ばかりが出されていきます。これは、私の作戦でした。

山下さんはびっくりした顔をして、クラス中を見回します。みんなは下を向いていました。そして、山下さんが美化委員になりました。

そのときです。山下さんが、

「どうしてこの私が、こんな美化委員とかやらんといかんと!?」

とこえを上げたのです。

私は、その言葉を待っていました。そして、

「あんたが、『こんな美化委員とか』なんて言うことを、ちーちゃんは、ずっとやってきたんだ！　あんたにやらされて！

ちーちゃんがどんな気持ちで美化委員をずっとやってきたのか、考えるとええ！」

と、ばっさり斬り捨てました。

それから、クラスの中からいじめは消えました。

ある日、ちーちゃんが私を海に誘ってくれました。

二人で海に向かって走ったり、「愛してるよ——！」と叫んだりして、青春ごっこをやっていました。そのとき、ちーちゃんが私に、

「真由美ちゃん、先生になるんでしょ。そしたらね。私みたいな悲しい思いをする子をつくらんで。私みたいな、いじめで苦しむ子をつくらんで！」

と目にいっぱい涙をためてそう言ったのです。

そのとき、私は自分の胸に誓います。

絶対にクラスの子どもの中に悲しい思いをする子をつくらん！

絶対に、いじめは許さん、と。

ちーちゃんのこの切実なこえが、教師になった私のクラスづくりの原点となっていきました。

すでに書いたとおり、私がさやかのことで何もできなくなっていたとき、私の娘たちにごはんを食べさせてくれていたのは、このちーちゃんでした。

さやかのことで髪の毛が真っ白くなってしまった私を、美容室に連れていってくれたのも、ちーちゃんです。

ずっと自分を責めたてる私に、

「真由美ちゃんが、私を助けたのよ。真由美ちゃんがいなかったら、私はここに存在しないのよ。真由美ちゃんはすごいのよ」

と、ちーちゃんはずっと言い続けてくれました。

私を助けてくれたちーちゃんは、私の心のこえに耳を傾けてくれた人でもあったのです。

ところで、ちーちゃんをいじめていた山下さん。実はいま、親しい間柄です。

彼女は教育熱心な家庭に育ち、親からのプレッシャーに苦しんだあげくに、いじめの行為に及んでしまっていました。

大人になってから聞いたこの話に、改めて、子どもの心のこえを想ったのです。

たましいの教科書

ちーちゃんのおかげで、教師としての原点を胸に抱けた私。時を経て「キラキラ朝礼」がネットでバッシングを受け、謹慎中だったにもかかわらず、私は鹿児島大学での講演に登壇しました。そのときの私は、まるで死にゆく者が最期の言葉を伝えるかのような気持ちでした。

私の心の中にあふれてきたのは、未来の先生たちに対する感謝です。

「この仕事を選んでくれて、本当にありがとう」

先生という仕事は素晴らしい。私は心からそう思っています。

自分が経験したありとあらゆること、辛いこと、失敗したこと、嬉しかったこと、楽しかったこと、その、生きてきたことのすべてで、教師は子どもたちに教えることができる。すべてが未来につながっていくのです。

私には好きな言葉があります。

「人は教魂《きょうこん》がつくる」

「教魂」とは、教える者のたましいということです。

人というものは、教える者のたましいがつくっていく。だから教師自身がたましいを鍛えなければいけない。そのためには〝逃げない〟ということ。大変なことが起きても、自分を鍛えるチャンスだと受け止め、何があっても逃げない覚悟をする。どんなに真っ暗闇でも、その中に一筋の光を見つけ出し、その光を信じて、一歩ずつ歩いていくこと。

逃げたくても逃げなかった経験をすることで、子どもに何かあったとき、「先生もこんなことがあったんだよ」と言えるのです。

教える人にとっては、辛い経験も苦しい経験も、いつかすべて子どもたちの役に立ちます。有名大学を出ているとか、成績がいいとか、行いが正しいとか、そんなことは教師の仕事には本当は関係なく、問われるのは、どのように生きてきたか。

「わかるよ、先生も勉強できなかったよ」

「辛かったね、先生もこんなことがあったよ」

こうやって、自分が生きてきた過程が「教魂」に宿っていく。子どもたちの未来への教科書になるのだと思います。

コウタの退学届

学歴や肩書きでなく、生き方が教えとなる、という話をするとき、いつも思い出す男の子がいます。その子の名前はコウタ。アキラのクラスメートです。

彼には、将来会社をつくりたいという夢がありました。

とっても頭がよくて、トップレベルの私立中学校を受験して見事合格します。私はコウタの6年生のときの担任でしたので、私もクラスメートもみんな喜びました。

でも、明るくて面白くてリーダー的な存在のコウタと中学校で離ればなれになるのを、みんなはさみしがりました。コウタの入る学校は自宅からかなり離れていたので、コウタはその学校の寮に入ることになったのです。

ところが、コウタが中学に入ってからの1学期が終わろうとしていた頃、コウタのお母さんからお電話をいただきました。

「先生。コウタが、学校を辞めました」

私は意味がわからず、「何かあったのですか？」と尋ねました。

性格もよかったコウタ。いったい何が……。私は、驚いて言葉が続きませんでした。

「違うんです、先生。コウタが自分で退学届を書いたんです」

私は、ますます意味がわからなくなりました。

お母さんから話を聞いたところによると、コウタの学校は、中学校、高校とエスカレーター式に進んでいき、有名な大学には必ず入れるという進学校でした。

でも、コウタはお母さんに、

「この学校の先生たちは、ぼくたちのことを、エリートだ、エリートだと言う。『この学校に入れば、君たちは必ずエリートになれる。たくさんの人たちを蹴落《けお》としてこの学校に入ってきた。そして、これからもそうやって進んでいき、出世していく』と言うんだ。

でも、香葉村先生はぼくたちにそんなことを教えてはこなかった。

誰かが困っていたら、手をさしのべるんだとぼくたちは習ったよ。蹴落とすのではなく、手をつなぎ、引き上げろと習ったんだ。

そして、人の手は人を叩くためにあるのではなく、人と手をつなぎ、人を助けるためにあると教えてくれたんだ。

ぼくは、この学校にいたらエリートになって出世できるのかもしれない。でも、人としてはだめになる。

ぼくは、ぼくの手で、人を救いたい」

と言ったのだそうです。


その言葉を聞いたコウタのご両親は、「コウタの気持ちを大切にしたい」と、コウタの退学届を認められます。

立派なご両親です。そして、コウタもまた、立派な子どもです。

教えたことを大切にして、自分の人生に生かしていこうとしてくれる子どもたち。この子たちのことを私は尊敬しています。「あなたはスゴイ!」とほめてあげたくなります。

その後、コウタは地元の中学校へ戻ってきます。

その日は門のところで、6年生のときのクラスメートたちが、コウタが学校に来るのをみんなで待っていたそうです。そして、コウタが現れるとみんなで歓声を上げ、「コウタ、お帰り～!!」と叫んだのだとか。なんて素晴らしい子どもたちなのでしょう。


大人になって、コウタは小さい頃の夢のとおり、起業しました。

私はコウタの結婚式のとき、屋久島の滝の前でお祝いのメッセージを送っています。

「滝は、動いているから凍らない。コウタも、自分の感性を信じて動いて動いてきたよね。先生は、そんなあなたのことを尊敬します」

この子たち一人ひとりが、私の誇りです。

だって、友だちだから

6年前の4年生の女の子、はるちゃんとのんちゃんのやり取りは、教科書では学べない、なんとも美しいものでした。

のんちゃんは、明るくて積極的で活発な女の子でした。はるちゃんは、そんなのんちゃんにあこがれていました。

ある日。のんちゃんは、24色の素敵な色鉛筆を学校に持ってきました。子どもたちは「きれいー!」「すごいー!」とこえを上げ、はるちゃんも「のんちゃん、素敵な色鉛筆ね!」とニコニコしていました。

けれど、4時間目が終わった後にのんちゃんが私のところにやってきて、「先生、色鉛筆がない!」と訴えてきたのです。

みんなで、教室中を探し回りました。のんちゃんは、悲しくて泣いていました。ところが、掃除が終わってランドセルの棚を見ると、はるちゃんのランドセルの下に24色の色鉛筆があったのです。

私は、相談室ではるちゃんと話をすることにしました。

聞くと、はるちゃんは、のんちゃんの色鉛筆を取ってしまっていました。

「のんちゃんがうらやましかった」

「のんちゃんばっかりいいなと思った」

そう話したはるちゃんは、「のんちゃんに謝りたい」と言いました。

私は、のんちゃんを相談室に連れてきました。

「ごめんね、のんちゃん。私、のんちゃんの色鉛筆を取ってしまった。のんちゃんの色鉛筆がうらやましかった」

はるちゃんの告白を聞き、のんちゃんはびっくりしていました。

でも、次の瞬間、

「はるちゃん。これからは、一緒に使おうね」

とのんちゃんが言ったのです。


はるちゃんは、こんな言葉をかけられるなんて思ってもみなかったのでしょう。

「のんちゃん。私を許してくれるの?」と尋ねます。

するとのんちゃんは、目にいっぱい涙をためて、

「だって、友だちやろ」

とこえをかけました。

はるちゃんは、のんちゃんのこの言葉を聞いて、うわあああと泣きました。

責められるより、許してもらったほうが、人は心から反省します。

それからこの尊い二人は、心からの親友となっていきました。

光るこえに耳を澄ませて

大阪で講演会をしたときでした。一人の女性が私を楽屋まで訪ねてきました。ドアを開けると、その子は「先生！」とだけ言い、ずっと泣いていました。その子の顔を見て、わかったのです。彼女は10年前に卒業させた、ますみちゃんでした。


「ますみちゃん!?」

私がそう言うとまた泣き出しましたが、少しして、

「先生。私、いま学校の先生をしています。京都で小学校の先生をしています」

と、話してくれました。その言葉で、私は胸がいっぱいになりました。

「そっか。そっか……」

それだけしか言えず、私はただ、ますみちゃんを抱きしめました。何かしゃべると泣き出しそうだったのです……。それくらい、嬉しくて嬉しくてたまらなかったから。

ますみちゃんは私に手紙を書いてきてくれていました。

「……いつも私たちのことを信じてくれて、面白くて、だけど少し抜けているところがあったり、お茶目なところがあったり。勉強以外にも大切なことをたくさん教えてくださった香葉村先生が大好きでした。

香葉村先生と出逢えて、私も子どもたちと真正面から向き合える先生になりたいと思うようになりました。そんな気持ちにさせてくださった香葉村先生には、感謝してもしきれないくらいです」

なんとも言えない想いで手紙を読みました。感謝しきれないのは私のほうでした。

「信じる」ということを教えてくれたのは子どもたちです。私が真正面から向き合えば向き合うほど、子どもたちはそれに応えてくれました。

朝、学校に着いて、運動場から聞こえる子どもたちのこえ。教室で子どもたちと「おはようございます」とあいさつをする瞬間。学校は、私の大好きなものであふれています。

子どもたちを、泣きながら叱りもします。おなかを抱えて、一緒に大ごえで笑いもします。子どもたちは、そんな素の私を、そのまま丸ごと受け止めてくれました。私にとって教室は、どこよりも、癒しの場でした。

何も問題がなかったわけではありません。でも、たとえ問題が起きたとしても、それはきっとクラスが一つになっていくために起きた、必然のことなのだと思います。そう少しずつ思えるようになっていったのはきっと、私がたくさんの失敗を経験してきたからだと思います。

失敗を重ねたときにも、悲しみに暮れていたときにも、いつもそこには子どもたちがいました。そして、子どもたちの優しいこえがありました。

そのこえは本当に温かくて、私はいつも幸せを感じました。

子どもたちの中にいると、忘れてしまった、でも明らかに昔、私たちも持っていた〝大切なもの〟に気づかされることがよくあります。

こえを出せないさっちゃんに、こえを出させようとするのではなく、「ぼくたちにできることを考えよう！」と言えること。

シュウがしたいたずらを、「ぼくがやったんだよ」と、かばうこと。

お父さんが亡くなったカズキ君に、「私も先生もいるから大丈夫です」と言ってあげられること。

自分の色鉛筆を取ったはるちゃんに、「これからは、一緒に使おうね」と言ってあげられること。

お友だちのことを、なんの駆け引きもなく思いやれること。お友だちのために心から泣けること。

これは、もしかしたら、大人たちがどこかに忘れていることなのかもしれません。子どもたちのこえは、大人の心をリセットしてくれる、大切な大切な宝物です。このこえがあったからこそ、このこえを守りたくて、このこえを抱きしめたくて、このこえが愛しくて、私はここまで歩いてこられたように思えます。

子どもたちの心は純粋です。その純粋な輝きの前には、大人たちのどんな武器もかないはしないのです。

まるで、あの心のビー玉のように。

だから、どうか、大人のみなさんこそ耳を傾けてください。

あなたの心の中に響く、あなたが幼い頃から育み続けている、その、「光るこえ」に。

大好きな子どもたちへ

いつかあなたたちが大きくなったとき
先生の名前なんて忘れてもかまわない
だけど
どこかで人生の壁にぶつかったとき
みんなで毎日取り組んだ
「朝礼」を思い出してほしい
「ぼくはできる」「私はできる」と
大きなこえで叫んだことを
どうか思い出してほしい
先生はあなたたちが大好きです
あなたたちの夢が大好きです

夢を語っているときの
あなたたちの顔が大好きです
毎日の「朝礼」は
先生からのプレゼントです
大好きなあなたたちへ
たましいこめたプレゼントです
「夢をかなえたい！」と思った自分を信じて
大きく大きくなっていくんだよ
「絶対できる」
先生はこれからもずっとずっと
あなたたちのことを信じています

いつも「先生！」「先生！」と
話しかけてくれてありがとう
愛してくれてありがとう

あなたたちの笑顔を守っていくことが
先生の役割です
先生と出逢ってくれてありがとう
本当に本当に
ありがとう

香葉村真由美

エピローグ

この原稿を書いているときは、ちょうど運動会の頃でした。子どもたちは「よさこい黒田節」というとってもハードな踊りに挑戦していました。

「できない……」と泣き出す子、きつくて座り込む子、汗だくになって必死についていく子。そんな子どもたちが運動会の前日のリハーサルでは、自信たっぷりに堂々と踊っていました。

その姿はとてもかっこよくて、とっても誇らしくて、見ていたら自然と涙があふれてきました。何かに夢中になっているときの子どもたちの目はキラキラと輝いていて、澄みきっていてとてもきれいです。

リハーサルのダンスが終わると、5年生162名の子どもたちが汗だくになり、息をはずませ体育座りをして、私の言葉を待っています。

「あのね……かっこよかったよ……」

胸がいっぱいでそれだけしか言うことができず、はらはらと涙がこぼれ落ちてきました。

光り輝く子どもの美しさに、私はいつも、こうして胸打たれてしまい、涙を流すばかりです。それから子どもたちになんとこえをかけたのか、よく覚えていません。一生懸命、子どもたちに伝えていたように思います。

がんばることの大切さを。

いのちの大切さを。

ところが、その後私が着がえて教室に行くと、驚くようなことが待っていたのです。

黒板いっぱいに書かれた文字で。

「先生がいたからがんばれた！」

私はまた泣いてしまいました。

「ううん、違う、違う。あなたたちがいてくれたから、先生はここまでがんばってくることができたんだよ」

私の父が亡くなったときも、支えてくれたのは子どもたち。

さやかが亡くなったときも、壊れていく私を必死で守ってくれた子どもたち。

ネットで誹謗中傷されたときも、たくさんの人のこえよりたった一人の私のこえを信じてくれた子どもたち。

みんな、みんな、あなたたちのおかげで、私は先生を続けてこられたんだよ。

私はたくさんの、いわゆる〝問題児〟だとされる子どもたちと出逢ってきました。

でも、そんな子どもたちこそ、愛されたいと願い、抱きしめてほしいと願っていました。

私にはそんな子どもたちの心のこえが聞こえてくる思いがしていたのです。

「さみしい……」

「辛い……」

「ぼくを見て……」

「一緒にいて……」

子どもたちはいつも、まっすぐに、心の中で叫んでいました。

そんな子どもたちの心の光を取り戻すには、それはやっぱり、愛情でしかないと思っています。

人は愛でしか変わらない。

これは、受け持ったたくさんの子どもたちから教えてもらったことです。


子どもたちよ。

あなたたちの愛は大きくてあったかい。

私は何度、その温もりに癒されたことだろう。

私は何度、その優しさに泣いたことだろう。

あなたたちは大きな可能性を持っている光です。

もっともっと、自分に自信を持って、もっともっと自分を大好きになって、もっともっと自分の力を信じて、光り輝く未来に向かい、生きていってください。

もうだめだ……と、できない……と、生きていけない……と思ったときは、先生のところへ帰っておいで。

先生は何もできないけれど、一緒に泣いてあげる。

先生は何もできないけれど、抱きしめてあげる。

先生はずっとここで、あなたたちを応援しています。


そして、この本を読んでくださったみなさまへ。

私と出逢った子どもたちのうち、誰かの姿が、読んでくださった方の心を癒してくれたのなら。

私と出逢った子どもたちのうち、誰かのこえが、読んでくださった方の心に届いたのなら。

こんなに嬉しいことはありません。

私と出逢った子どもたちがいつの日かこの本を手にしたとき、

「ぼくたち、私たちは、こんなにも愛されていたのだ」

ということを知ってほしくて、この本を書きました。


そう。先生は、出逢ってきたあなたたちすべてを愛していたよ。

だからね。自信を持って生きて。

先生もあなたたちに負けないよう、これからも一歩一歩、進んでいきます。


最後に。

私と出逢った子どもたちの話を書くチャンスを与えてくださった、センジュ出版の吉満明子さん、原稿のご協力をいただいた岡田寛子さんに。

心からの感謝をお伝えしたいと思います。

香葉村真由美（かばむらまゆみ）

子どもたちの真実の物語を全国で伝え続け、「まゆみ先生」の名で慕われる福岡市の元小学校教師。クロフネカンパニー所属の講演家であり、作家、教育アドバイザーの顔も持つ。「月刊 致知」「みやざき中央新聞」などそのメッセージは数々のメディアに取り上げられ、2012年には陶彩画家・絵本作家の草場一壽氏によるドキュメンタリー映画「いのちのまつり・地球が教室」に出演。2008年よりスタートさせた講師活動は現在全国で800か所以上、延べ8万人以上の参加者を集める。

子どもたちの光るこえ

二〇一七年 八 月二〇日　初版発行
二〇二四年一一月三〇日　第七刷発行

著者　香葉村真由美

発行人　吉満明子
発行所　株式会社センジュ出版
〒一二〇－〇〇三一
東京都足立区千住三－十六
電話　〇三－六三三七－三九二六
FAX　〇三－六六七七－五六四九
http://senju-pub.com

編集協力　岡田寛子
校正　槙一八
協力　稲田知明
蒲谷瑞季

印刷・製本　中央精版印刷株式会社

 ISBN 978-4-908586-02-6

株式会社センジュ出版は「しずけさ」と「ユーモア」を大切にする、まちのちいさな出版社です。